大学生体育运动与体育文化研究

沈竹雅◎著

吉林出版集团股份有限公司

图书在版编目（CIP）数据

大学生体育运动与体育文化研究 / 沈竹雅著 . 一 长
春 : 吉林出版集团股份有限公司 , 2020.7
ISBN 978-7-5581-8724-7

Ⅰ . ①大… Ⅱ . ①沈… Ⅲ . ①体育教学－教学研究－
高等学校 Ⅳ . ① G807.4

中国版本图书馆 CIP 数据核字 (2020) 第 107527 号

大学生体育运动与体育文化研究

著　　者	沈竹雅	
责任编辑	王　平　姚利福	
封面设计	李宁宁	
开　　本	787mm×1092mm　1/16	
字　　数	218 千	
印　　张	11.75	
版　　次	2021 年 3 月第 1 版	
印　　次	2021 年 3 月第 1 次印刷	

出　　版　吉林出版集团股份有限公司

电　　话　010-63109269

印　　刷　炫彩（天津）印刷有限责任公司

ISBN 978-7-5581-8724-7　　　　　　　　定价：58.00 元

版权所有 侵权必究

前　言

体育的广义概念是指以身体练习为基本手段，以增强人的体质，促进人的全面发展，丰富社会文化生活和促进精神文明为目的的一种有意识、有组织的社会活动。大学体育是大学生以身体联系为主要手段，通过合理的体育教育和科学的体育锻炼过程，达到增强体质、增进健康和提高体育素养为主要目标的公共必修课程，是学校课程体系的重要组成部分，是高等学校体育工作的中心环节，是促进身心和谐发展、思想品德教育、文化科学教育、生活与体育技能教育与身体活动有机结合的教育过程，是实施素质教育和培养全面发展人才的重要途径。全面锻炼学生的身体，促进身体形态结构、生理机能和心理发展，提高身体素质和人体基本活动能力，提高对自然环境的适应能力；使学生掌握体育的基本知识、技术和机能，学会科学锻炼身体的方法，养成经常锻炼身体的习惯，提高自我锻炼的能力，使之终身受益。随着人们生活水平的提高和物质生活的日益丰富，人们对自身健康的重视程度也日益提高。

体育文化是一个跨学科的大领域。笼统地说，就是从文化的特殊视角或领域对体育做出一些必要的分析。这不仅是从一个更为广泛的角度来探讨体育基本理论的各因素，也是对于体育本质及其价值更为深入的认识，体育不仅可以增强体质，促进身体发展，而且可以促进心理发展。随着我国社会经济的发展，使人们的物质生活水平有了很大的提高，同时现代科技的发展极大地加快了生产、生活的步伐，现代的生活方式给人们的健康带来了极大的威胁与挑战。作为社会基石的莘莘学子，要更加关注自己的身体健康状况和生活质量，对终身体育的需求越来越强烈，而终身体育又要求学校体育与健康教育、生活教育相结合。

本书写作过程中，由于作者学识有限，书中难免出现欠妥之处，恳请各位同仁批评指正。

编　者
2020 年 3 月

目　录

第一章 大学生体育运动

第一节 田径运动

一、田径运动简介

田径或称田径运动是径赛、田赛和全能比赛的全称。以高度和距离长度计算成绩的跳跃、投掷项目叫"田赛"；以时间计算成绩的竞走和跑的项目叫"径赛"。田径比赛由田赛、径赛、公路跑、竞走和越野跑组成，此外还包括部分田赛和径赛项目组成的"十项全能"。

远在上古时代，人们为了获得生活资料，在和大自然及猛兽的斗争中，不得不走或跑相当的距离，跳过各种障碍，投掷石块和使用各种捕猎工具。在劳动中不断地重复这些动作，便形成了走、跑、跳跃和投掷的各种技能。随着社会的发展，人们有意识地把走、跑、跳跃、投掷作为练习和比赛形式。据记载，最早的田径比赛，是公元前776年在希腊奥林匹克村举行的第1届古代奥运会上进行的，项目只有一个——短距离赛跑，跑道为一条直道，长192.27米。到公元前708年的第10届奥运会上，才正式列入了跳远、铁饼、标枪等田赛项目。当时只准男子参加，女子连观看也不行，违者处以死刑。从那时起，田径运动为正式比赛项目。

1894年在法国巴黎成立了现代奥运会组织。同年在英国举行了最早的现代田径运动国际比赛，比赛共分9个项目。真正的大型国际比赛是1896年在希腊举行的第一届现代奥运会，在这届奥运会中田径的走、跑、跳跃、投掷这些项目，被列为大会的主要项目。它沿用古代奥运会每隔4年举行一次的制度，至今已举行的各届奥运会上，田径运动都是主要的比赛项目之一。从1928年第九届奥运会起，才增设了女子田径项目，此后，女子便参加了田径项目的比赛。

田径是世界上最为普及的体育运动之一，也是历史最悠久的运动项目。

田径与游泳、射击被视为奥运金牌五大项目，51 枚金牌也是奥运金牌最多的项目，"得田径者得天下"也由此而来。至今，田径运动仍然是体育比赛中观赏性极强的运动之一。

国际田联规定运动员参加奥运会必须在规定时间里达到规定的报名标准，个人项目每个单项达到 A 级标准的最多 3 名运动员参赛，如无达到 A 级标准的运动员，允许 1 名达到 B 级标准的运动员参赛，如无达到 B 级标准的运动员，则允许各报 1 名男女运动员参加除田赛项目、七项全能、十项全能以外的其他项目比赛。接力项目每个协会每个项目最多 1 个队，接力运动员可报 6 名，其中可报两名未达标的运动员。田径是体育运动的大项，中国已经把田径项目列入重点提高项目，中国田径整体水平与欧美甚至非洲运动员有着比较大的差距，但是从中也有一部分传统项目，比如说女子中长跑和女子投掷，还有现在男子跨栏项目的突起，都鼓舞了国人对于田径运动热爱度的提高。

二、跑

（一）短跑

将 400 米以及 400 米以下的项目统称为短跑。短跑是人体运动器官和内脏器官在缺氧的条件下完成的高强度的运动项目。它对人体内脏、神经肌肉系统有很大的锻炼作用，对发展速度、力量、灵巧等素质有明显的效果，是田径运动的基础项目。

短跑技术的限制特点是：高重心、高频率，摆臂、摆腿幅度大，有力而放松，蹬地猛，摆臂高，重心前移速度快，腾空阶段两腿"剪绞"动作迅速，脚掌着地自然而有弹性，充分利用摆臂力量协调上下肢的用力。跑的速度，主要是由步长和步频两个因素决定的，若保持步长不变而提高步频，或保持步频不变而加大步长，都能提高跑速。短跑技术一般可分为起跑、起跑后的加速跑、途中跑和终点跑四个部分。

1. 起跑

起跑是指前脚蹬离起跑器，后腿向前迈出第一步而言的。快速起跑取决于两个因素：一是反应要快；二是尽快克服静止状态，在最短的时间内获得最大速度。

2. 起跑后的加速跑

起跑后立即转入加速跑，其任务是在最短的距离内发挥最大的速度，转人途中跑，其距离一般为 20 至 25 米。起跑出发的第一步不宜过大，身体不要突然抬起，跑进时候后蹬快速、充分、有力、摆动腿积极前摆、下压，用前脚掌着地。随后逐渐加快步频，两腿依次用力蹬地，上下肢协调配合，以迅速获得加速，躯干逐渐抬起，转入途中跑。

3. 途中跑

途中跑的任务是继续发挥和保持高速度跑直到终点。其技术特点就是：步幅大，频率快、上身稍前倾。两臂在体侧摆动要轻松有力，前摆时不要超过身体正中间和下颚，后摆时稍向外，大臂不过肩，小臂几乎与躯干平行。整个动作要积极有力，协调自然，重心平稳直线性好，向前用力。

4. 终点跑

终点跑是指全程跑的最后一段距离，基本任务是以最快的速度冲向终点。终点跑时应保持途中跑的正确技术，动员全部肌肉力量以最快的速度跑过终点。到达终点最后一步时，上体迅速前倾，用胸部或肩部撞终点线。跑过终点线后逐渐减速，不要突然停止，以免发生伤害事故。

（二）中长跑

中长跑包括中距离和长距离跑。中距离跑对速度和耐力都有较高要求，而长跑以耐力为主。现代中长跑技术的特征为：身体重心位移平稳，动作实效、轻松、自然，并保持良好的节奏，高步频，积极有效地伸髋和快速有力的摆动动作。

1. 起跑和起跑后的加速跑

中长跑采用站立式起跑。在起跑前，两腿前后站立，右腿在前，紧靠起跑线后沿，后腿用前脚掌支撑站立。臂的动作为两臂一前一后或两臂在体前自然下垂。听到枪声后，两腿用力蹬地，两臂配合两腿的蹬摆做快而有力的前后摆动，使身体快速向前冲刺，过渡到起跑后的加速跑阶段。无论在直道还是弯道上起跑，都应该按切线方向跑进，在规则允许的范围内，抢占有利战术位置，然后进入途中跑。

2. 途中跑

途中跑是决定中长跑成绩的主要环节。途中跑应强调轻松、省力、节奏好。

（1）上体姿势与摆臂动作

上体正直或稍前倾，头颈部自然放松，双手半握拳，两臂弯曲，两肩放松，以肩为轴前后自然摆动。中长跑一般采用匀速跑，但应掌握多种节奏跑的方法以适应现代中长跑激烈竞争的需要。

（2）腾空

后蹬腿蹬离地面后，身体进入腾空阶段。腾空时候，放松蹬地腿的肌肉，并迅速有力地将大腿向上方摆出。此时小腿随惯性自然摆动，膝关节弯曲，形成大小腿折叠，以髋带动大腿积极、迅速地向前摆动。

（3）着地与缓冲

脚着地前，摆动大腿积极下压，小腿顺势前摆并做"扒地"动作。着地的膝关节是弯曲的，对完成缓冲动作有积极作用，脚着地时用前脚掌或前脚掌外侧先着地，然后过渡到全脚掌着地。

3. 终点跑

终点跑是临近终点的一段冲刺跑。其距离要根据项目特点，训练水平，战术需要及比赛具体情况而定。一般情况下，800 米可在最后 300 至 200 米，1500 米在最后 400 至 300 米，3000 米以上可在最后 400 米或稍长的距离开始终点冲刺跑。速度好的运动员，往往在跟随跑的前提下，在最后一个直道时突然加速；耐力好的运动员，多采用更早的冲刺跑。

4. 中长跑的呼吸

中长跑的时候，应注意呼吸节奏。呼吸的节奏取决于个人特点和跑的速度。一般是跑一或二步一呼气，跑两或三步一吸气。随着跑速的提高，呼吸频率也相应加快。在强度大、竞争激烈的情况下，应采用半张口与鼻同时呼吸的方式，来最大限度地满足机体对氧气的需要。

中长跑的时候，由于内脏器官机能的惰性，氧气的供应暂时落后于肌肉活动的需要，跑一段距离后便会不同程度地出现胸部发闷、呼吸困难、动作无力现象，迫使跑速降低，甚至有难以坚持下去的感觉。这种生理现象叫"极点"，它与准备活动、训练水平有关，训练水平高，内脏器官的适应能力强，"极点"的出现就缓和、短暂。当"极点"出现时候，可适当降低跑速，注意加深呼吸，同时要以顽强的意志一直坚持下去。

（三）跨栏跑

跨栏跑运动起源于英国。17 至 18 世纪时，英国一些地区畜牧业相当发达，牧民们经常需跨越畜栏，追赶逃跑的牲畜。节日里，一些喜爱热闹的年轻牧民还常常举行跳越羊圈的游戏，他们把栅栏搬到平地上，设若干个高矮和羊圈相仿的障碍，看谁能跑在最前面，这就是跨栏赛的雏形。到 18 世纪末，这项活动正式成为体育运动项目。当时人们把它叫作障碍跑，属于男子运动项目，设置的障碍物是一般的栅栏，后来出现了埋在地上的木栏架，再后来又改为像锯木材用的支架。但跨越这种障碍物，不但容易发生伤害事故，而且也妨碍跨栏跑技术的提高，因此跨栏跑在早期一直让运动员们心存隐患。为此，19 世纪初，出现了可移动的"上"形栏架，推动了跨栏技术的发展。

1935 年比赛中又出现了"L"形栏架，栏板只要受 4 千克的冲撞力量，就会向前翻倒。"L"形结构较为合理和安全，一直沿用至今。

跨栏跑是在一定距离内，跨过规定的高度和数量的栏架、技术性较强的短跑项目。国际比赛男子 110 米高栏，栏高 106.7 厘米，栏数 10 个；女子为 100 米低栏，栏高 84 厘米，栏数 10 个。1990 年北京亚运会上，我国选手刘华金在女子 100 米栏赛中以 12 秒 73 的成绩，打破她自己保持的 12 秒 89 的亚洲纪录。中国选手刘翔在 2004 年雅典奥运会追平了沉睡 13 年的纪录，时间是 12 秒 91，古巴人罗伯斯于 2008 年 6 月 12 日以 12 秒 87 创造了新的世界纪录时间。

三、跳跃

田径中的跳远、三级跳、跳高、撑杆跳高等跳跃项目，是运用人体自身的能力（借助于器械）通过一定的运动形式，尽可能跳过高的横杆和跳过尽可能远的距离。跳跃项目的基本运动规律都是从静止开始水平位移，而后转变为抛射运动。

（一）跳远

跳远是腾越水平远度的田径项目之一，它由助跑、踏跳、腾空和落地四个部分组成。跳远的最终距离主要由助跑速度和合理有力地踏跳所决定，腾空落地保证了踏跳所取得的效果。四部分是统一的整体，不能把它们分割开来。

（二）跳高

跳高方法经历了跨越式、剪式、滚式、俯卧式以及背越式的演变过程。由于背越式技术结构相对简单，并具有快速的技术特征，能与力量完美地结合，使技术动作表现出很高的效率，所以它取代了其他的跳高方法，成为目前最先进的跳高技术。背越式跳高的特点是：技术较简单，助跑速度快，起跳速度快，节奏感强。

四、投掷

投掷是人体利用自身能力，通过一定的运动形式，将器械掷至最大远度的一种运动方法。它由相互紧密衔接的四个部分组成，即握持器械、助跑（直线形式或旋转形式）、最后用力、维持平衡。投掷的项目有推铅球、掷标枪等。

推铅球是以力量为基础，以速度为核心的投掷项目。推铅球是一个速度力量性项目。投掷原理表明，铅球出手的初速度、出手角度及出手的高度决定铅球飞行的远度。推铅球的方法目前主要有背向滑步推铅球和旋转推铅球两种，因为场地规则限制，对旋转推铅球的水平提高有所阻碍，所以大多采用背向滑步推铅球。完整的背向滑步推铅球技术可分为握球、持球、滑步、旋转和最后用力等五部分。这五部分都要注意保持身体平衡。掷标枪具有器械轻、助跑长、动作环节多、速度快的特点。

第二节 球类运动

一、足球运动简介

足球起源于古代的足球游戏。中国古代把用脚踢球的游戏叫"蹴鞠"。现代足球始于英国。国际足联（FIFA）是国际最具权威性的足球比赛管理机构，目前，已拥有190多个成员国，总部设在瑞士的苏黎世。各类足球赛事中，四年一届的世界杯足球赛是全球规模最大、水平最高、场面最壮观的比赛，为世人所瞩目。其他受观众关注的赛事还有：女子世界杯足球赛、奥运会足球比赛、欧洲足球锦标赛、南美解放者杯足球赛、欧洲五大职业联赛：英超、德甲、意甲、西甲、法甲等。

（一）足球运动的特点

足球运动是以脚支配球为主，两个队互相进行攻守对抗的一项体育运动项目。它是世界上开展最广泛、影响最大的体育运动项目之一，被誉为"世界第一运动"。有些国家把足球定为"国球"，绝对是一场精彩的足球比赛，能吸引成千上万的观众和数以亿计的电视观众。据不完全统计，现在世界上登记在册的足球运动员有三千多万人，职业运动员近十万人。足球运动有如此大的魅力，这主要与足球运动的特点和作用有关。

1.足球是对抗性较强的项目

足球运动是一项富有战斗性的、激烈对抗的项目。在比赛中双方为了把球踢进对方球门，而又不让球进入自己的球门，展开了短兵相接的争斗，尤其是在两个罚球区附近争夺得更为激烈。一场高水平的比赛，双方因争夺或冲撞而倒地近百次，可见其激烈程度。

2.战术复杂，掌握动作难度大

足球是一项非周期性运动项目，它的技巧、战术受对手直接的干扰和限制。技、战术是依靠临场情况灵活机动地运用和发挥。足球比赛参加人数多，行动不易协调和统一，故攻、守战术的配合相对篮球、排球困难些。

比较而言，足球运动是用人体最笨拙的部位——脚去支配和控制球，因此，技术动作比较难掌握。

3. 比赛时间长、场地大，体能消耗大

正式足球比赛时间为 90 分钟，有的比赛还要加时 30 分钟甚至还要以点球决定胜负。一场激烈的比赛，一名优秀运动员的跑动距离达 1 万米以上，少则也有 6000 至 7000 米，而且还要做上百个有球和无球动作，身体能量消耗很大。据不完全统计，一场激烈的比赛，能量消耗 2000 卡路里左右。

（二）足球运动的锻炼价值

1. 有助于精神文明建设，思想品德教育

经常从事足球运动，可以培养勇敢顽强、机智果断、勇敢克服困难等优良品质和敢于斗争、敢于胜利的战斗作风，以及团结协作、密切配合、热爱集体等集体主义精神。

2. 能促进健康，增强体质

经常从事足球运动，可以增进人们的健康，提高人们的力量、速度、灵敏、耐力等身体素质，特别是对增强人体的心血管系统、呼吸系统等内脏器官的功能是非常有益的。据测定，一名优秀足球运动员的肺活量比正常人要多 2000 至 3500 毫升，安静时的心率要比正常人低 15 至 22 次 / 分。

3. 有助于振奋民族精神，扩大国际交往

现代足球运动的作用和影响，已经远远超出了足球运动自身的范围，它已成为扩大国际交往的一种工具，对振奋民族精神、反映一个国家的实力具有重要意义。

二、篮球运动简介

篮球运动是广大学生最喜爱的运动项目之一。具有复杂多变、竞争激烈、集体性与独立性并存、趣味性和观赏性很强等特点。由于当时是用球做投掷的器具，用装桃子的篮子做投掷的目标，故取名篮球。经常参加篮球运动，对促进身体素质的发展，提高机体功能，培养勇敢果断、机智灵活的意志和作风，培养终身锻炼的习惯，都具有积极的意义和作用。

（一）篮球运动的起源与发展

篮球运动是在 1891 年由美国马萨诸塞州斯普林菲尔德（旧译春田）市基督青年会训练学校体育教师詹姆斯·奈史密斯博士借鉴其他球类运动项目设计发明的。1892 年，奈史密斯制定了《青年会篮球规则》13 条，对场地大小、比赛时间做了规定，上场比赛人数由每队 9 人、7 人，到 1893 年决定为 5 人。

随着篮球运动在美国国内的推广与开展，场地、器材也不断改进，逐渐形成近似现代的篮板、篮圈和球场。篮球运动自 1895 年由美国国际基督教青年会派来中国天津基督教青年会就职的第一位总干事来会理介绍传入中国。由于篮球运动是一项室内、富有吸引力的新颖的运动项目，不仅在美国国内得到很快的发展，而且也相继传播到欧、亚、南美洲等一些国家。如今篮球项目已经成为世界上最受欢迎的体育运动之一。进入 21 世纪后，篮球运动作为一种全球性社会文化，将进一步在世界范围内有更快的发展、更广的普及、更大的提高，特别是在欧、亚、非等国家的普及、提高、创新、攀登、发展的基础上，进一步形成既有大众性，又具备科技性、竞技性，还具有产业性和艺术观赏性的社会特殊文化形态。

（二）篮球运动的特点和锻炼价值

1. 篮球运动的特点

篮球运动是竞技运动中的球类项目之一。竞技运动最显著的特点是对抗，而球类运动的对抗是进攻与防守之间的对抗。球类运动攻守对抗中具有集体性、多变性、激烈性、综合性特点。竞技运动中各个项目的竞赛，不论是比快、比高、比远、比准，优胜劣汰都表现在个人与个人、集体与集体之间在一定时间与空间中的对抗。篮球比赛的攻守对抗，除具有以上的特点外，还有比较突出的突变性、准确性、独立性等特点。

2. 篮球运动的锻炼价值

篮球运动是身心具用的全身活动项目。运动时，既能够享受到轻松愉快，又可以体验到竞技的紧张。篮球运动不仅能够健身强体，还可以使人的个性、潜能和创造力得到充分展示。

（1）健身价值

经常参加篮球运动，可使身体各部分肌肉坚实、发展匀称、体格健壮。篮球运动促进力量、速度、耐力、弹跳、灵敏等运动素质的发展。

（2）启智价值

篮球运动不仅是技术与身体的对抗，也是意志与智慧的较量。运动员的智慧、胆略、意志、活力与创造力，决定着比赛的成败和运动水平。

（3）育人价值

篮球运动对培养集体主义精神有积极作用。队员之间团结合作、互相协同、默契配合，一切为集体、一切为大局，才能保证比赛的胜利。通过比赛，个性、自信心、情绪控制、意志力、进取心、自我约束等能力都有很好的发展。

（4）娱乐休闲价值

观赏娴熟的运球、巧妙的传球、准确的投篮、机智的抢断、卓越的扣篮和出奇的封盖，再加上攻守交错、对抗变换，让人有美的感受。

（5）社会交往价值

篮球运动在全世界范围内广泛开展，已成为人与人、团体与团体、国家与国家之间相互交流的工具，成为建立理解、信任、团结与友谊的手段。

三、排球运动简介

（一）排球运动的起源与发展

排球运动是由两队在长18米、宽9米、中间用网隔开的场地上，运用发球、传球、拦网等攻守技术，将球击入对方场区而不使球落在本方场区的一种球类运动。排球运动于1895年由美国人威廉·莫根发明。1917年传入欧洲。1905年传入中国。近年来在我国大多数高校都开设了排球课，有的学校还建立了高水平运动队。很多院校级运动队的排球竞赛活动已规定为每年举行一次，校际排球竞赛交流也十分活跃。由于排球运动易于接受，且深受喜爱，所以不断分化、繁衍，形成了多种多样的形式，如沙滩排球、软式排球、小排球、4人排球、9人排球、气排球、妈妈排球等。

（二）排球运动的特点和锻炼价值

1.排球运动的特点

（1）排球比赛必须是在空中的击球，因此，参加排球运动的人在时间和空间感觉上得到的锻炼和提高是其他球类项目不可比拟的；

（2）规则规定不允许"持球"，这一特点能提高运动员在短暂的触球时间内对来球的力量、速度、角度等因素的准确判断能力；

（3）全身任何部位均可触球，能使参加该项运动的人，在击球过程中充分体现自我才能和展现各种高超的击球技巧；

（4）比赛在击球时，都存在直接得分和直接失分的两种可能性，这就要求排球运动员必须具有扎实的基本功，技术不仅熟练，还必须全面。

2.排球运动锻炼价值

（1）能改善人体中枢神经系统和内脏器官的功能状况，又提高人体的力量、速度、弹性、灵敏、耐力等专项身体素质和运动能力；

（2）能提高控制自己情绪和调节最佳身心状态的能力，可形成良好的心理品质；

（3）能培养人的优良体育道德作风和团结协作的集体主义精神。

四、乒乓球运动简介

（一）乒乓球运动的起源与发展

据史料记载，乒乓球运动在 19 世纪末作为一种游戏起源于英国，并由网球运动派生出来的。有时，在饭桌上支起网来打，有时索性就在地板上用两个椅子，做支柱中间挂起网来打。虽然打起来不十分激烈，但颇有一番乐趣。在 20 世纪 20 年代以前，乒乓球活动基本上停留在游戏阶段。国际乒联成立以后，统一了竞赛规则，定期举办世界乒乓球锦标赛，以促使乒乓球运动的快速发展。1988 年，在汉城奥运会上，乒乓球被列入奥林匹克运动会的正式比赛项目，作为世界公认的中国的"国球"，乒乓球在奥运会上是中国体育代表团的优势项目，中国乒乓球队几乎垄断了奥运会这一项目的金牌。进入奥运时代的乒乓球运动，欧亚对抗的形势仍在继续，竞争将更加激烈。

从 20 世纪末开始，国际乒联对乒乓球运动进行了一系列改革。2000 年 10 月，乒乓球直径 38 毫米、重量 2.5 克改为 40 毫米、2.7 克；乒乓球比赛由每局 21 分制改为 11 分制；乒乓球比赛执行发球无遮挡的规定。这些改革的目的有以下 3 个。

1. 增加击球板数，提高乒乓球运动的观赏性

国际乒联曾做过调查，比赛中击球板数达到 7 板，观众席上传来掌声；击球板数超过 10 板，掌声雷动。有关研究人士做过测试，大球与小球相比，速度降低 13%，旋转减弱 21%。从理论上讲，这有利于增加击球的板数。

2. 比赛胜负的偶然性加大

改革后增加了比赛胜负的偶然性，缩小强弱对手之间的差距，打破由少数国家或地区的运动员包揽金牌的局面。

3. 最终扩大乒乓球运动的市场

从目前看，这些改革虽不会改变乒乓球运动最基本的规律，但对技术、战术的影响是不容忽视的。

（二）乒乓球运动的特点

根据乒乓球运动的发展规律，可以预见，各种打法还会不断充实和完善，技术将更加精益求精，运动员们会在力争积极主动、加快速度、加强旋转和加大力量方面下功夫。也会出现一些新的技术和新的打法。今后，乒乓球运动的发展趋势：技术打法向快速方向发展是总趋势中的一个重要方面。速度

和旋转相互渗透；弧圈球技术和反拉弧圈球技术将在相互牵制、相互斗争的矛盾中提高。削攻打法在比赛中增多进攻成分，利用两面不同性能球拍搞旋转变化，伺机抢攻等，都要在"变、转、攻"上下功夫争取主动；推攻和两面攻打法的运动员，除加快进攻速度外，还会进一步提高反手攻球的能力，力争更加全面地掌握技术。世界乒乓球技术将朝着"更加积极主动，特长突出，技术比较全面，战术变化多样"的方向发展。

（三）锻炼价值

首先，它具有较高的锻炼价值。作为一项全身运动，乒乓球所特有的速度快、变化多的特点决定了参与者在以下方面均可受益：全身的肌肉和关节组织得到活动，从而提高了动作的速度和上下肢活动的能力。极有效地发展反应、灵敏、协调和操作思维能力。由于该项目运动极为明显的竞技性特点和娱乐功能，有使其成为一项培养勇敢顽强、机智果断等品质和保持青春活力，调节神经的有效运动。可以改善心血管系统和呼吸系统的功能。经常参加乒乓球运动，能使心血管系统的结构和机能得到改善，心肌变得发达有力，心容量加大，提高心脏的工作效率，有利于身体的新陈代谢，提高整个身体机能水平。可以促进交流，增进友谊。通过参加乒乓球运动，可以相互交流经验，切磋球技，达到相互学习，共同提高，建立良好的人际关系的目的。

由于乒乓球运动的这些特点和锻炼价值，使得乒乓球运动员和该项运动的爱好者们逐渐形成了良好的心理品质，并在某些方面超出常人。

五、羽毛球运动简介

（一）羽毛球运动的起源与发展

据我国和欧美出版的部分辞书记载，羽毛球运动源远流长。早在两千多年前，一种类似现代羽毛球活动的游戏，就已经在中国、印度以及其他欧亚国家出现。中国称"打手毽"，印度称"普纳"，西欧等国称"毽子板球"。那时，这些游戏没有固定的规则，游戏方法大致是用一块自制的木板或用牛犊皮做成的毽子板，两人、三人或四人击打一个用鸡毛或羽毛插在不同物质制成的球托上的"毽子球"。

现代羽毛球运动诞生在 1873 年。1893 年，在英国举办了第一届"全英羽毛球锦标赛"，此后每年举办一次，延续至今。1934 年成立了国际羽毛球联合会，总部设在伦敦。1939 年国际羽毛球联合会通过了《羽毛球竞赛规则》。羽毛球运动从不列颠诸岛流传到英联邦各国，20 世纪初流传到亚洲、美洲、大洋洲，最后传到非洲。1981 年 5 月，国际羽联重新恢复了中国在国际羽联的合法席位。在 1988 年汉城奥委会上，羽毛球被列为表演项目。1992 年巴塞罗那奥运会列为正式比赛项目，从此羽毛球运动进入一个新的发展时期。50年代是中国羽毛球运动的起步时期。建国初期，我国羽毛球运动不普及，水平低，底子薄。1954 年 6 月，王文教、陈福寿、黄世明等为代表的第一批华侨从印尼归国。他们凭着满腔热情，以及从印度尼西亚带回的代表着世界先进水平的技、战术，为我国羽毛球运动带来了光明和希望。同年 7 月，中央体育学院建立羽毛球班，著名羽毛球明星王文教、陈福寿等成为中国羽毛球集训队队员。1958 年 9 月，中国羽毛球协会成立。在中国羽协的积极努力下，使 23 个省市、自治区派选手参加了 1959 年第一届全国运动会的羽毛球比赛，推动了羽毛球运动走向了制度化和规范化。

（二）羽毛球运动的特点和锻炼价值

羽毛球运动是深受广大群众喜爱的小型球类运动。由于它的运动器材简便，不受场地限制，两把拍子一个球，无论走到哪里，无论有网无网，无论室内、室外，只要有一小块空地，就能进行活动和锻炼。羽毛球运动特有的风格，它一方面是一项技巧性很强的竞技性比赛项目，另一方面，它是一项普及性很强，老少皆宜的活动。既能强身健体，又充满乐趣。无论是从事竞技性运动，还是一般性的大众健身活动，多需要在场上不停地移动跳跃、转体、挥拍击球。因此，青年男女经常进行羽毛球锻炼，能促进生长发育，提高身体各方面的机能，培养不怕困难，不甘心落后，顽强的拼搏精神，从而提高身体素质和身心健康。

六、网球运动简介

（一）网球的起源与发展

网球与高尔夫球、保龄球、桌球并称为世界四大绅士运动。它的起源可以追溯到 12 至 13 世纪的法国，当时在传教士中流行着一种用手掌击球的游戏，后出现在法国宫廷。

现代网球起源于英国。1873 年，英国少校温菲尔德设计了一种适用于户外的、男女都可以从事的网球运动，1877 年 7 月，在英国伦敦郊外温布尔顿举办了首届草地网球锦标赛，即温布尔顿第一届比赛。随后草地网球也由英国的移民、商人等传至全球。1913 年在法国的巴黎成立了世界网球的最高组织——国际网球联合会。它的成立为网球的进一步发展开辟了一条更加广阔的道路。男、女网球曾分别于 1896 年和 1900 年被列为奥运会比赛项目，后因在职业运动员参赛问题上出现分歧，1924 年奥运会后被取消。1988 年重返奥运会。70 年代以后，网球又得到了进一步的发展。取消了职业选手和业余选手的界限，增加了大赛的激烈程度，从而促进了运动员技术水平的提高，吸引了广大网球爱好者从事该项运动的热情和观看网球比赛的积极性。进入90 年代后，网球向大众化发展，网球不再只是贵族从事的运动，而在群众中得到普及。随着器材的改革，尤其是球拍的研制，网球将向着力量、速度型方向发展。加之各种大赛奖金的不断提高，网球的职业化、商业化程度会越来越高。总之，作为绅士运动的网球将以其无比的魅力和不断发展的技术赢得越来越多的爱好者。

（二）我国网球运动的发展简况

我国网球运动是在 19 世纪后期，由英、美、法等国商人、传教士、士兵作为娱乐活动相继传入的。随之在上海、广州、北京等城市教会中出现打网球活动，后在教会、学校中也开展起来。中华人民共和国成立后，网球运动逐渐发展起来，定期举行全国网球单项比赛、青少年网球比赛，近年来又搞起群众网球赛。如老年网球赛、高校网球赛、少年网球赛。这些竞赛对促进网球运动的普及起到了积极的推动作用。

（三）网球运动特点和锻炼价值

网球运动球速快，变化多，健身性、趣味性强，时尚高雅，运动量可大可小，是一项男女老少皆宜的体育项目。经常从事网球运动可增强体质，促进身心全面发展，能有效地提高中枢神经系统的反应能力，改善心血管系统的机能，并能有效地发展速度、力量素质，增强协调性和提高耐久力，提高动作速度和活动能力，还能发展人的机智勇敢、沉着冷静、敢于拼搏的优良心理素质，因此，网球运动具有较高的健身锻炼价值。

第三节 游泳

一、游泳运动简介

游泳是一项利用大自然来锻炼身体的体育运动，在我国有着广泛的群众基础。游泳能使水浴、空气浴、日光浴三者相结合，经常从事游泳活动，可使呼吸肌变得更强壮有力，肺容量增加，心血管机能和体温调节机能得到进一步改善，对外界气温变化的适应能力提高。游泳还能促进人的身体全面发展，增强体质，培养勇敢顽强的优良品质。在生产和国防建设中也有其特殊的实用价值。游泳运动简单易行，是大学生非常喜爱的一项体育活动。

（一）游泳的锻炼价值

游泳时，水对人体有一定的积极作用，据测定，水的密度为 1000 克 / 升，比空气密度大 800 倍左右。水深每增加 1 米，每平方厘米体表面积所受的压力要增加 0.1 个大气压。经常参加游泳锻炼，能增强呼吸肌的力量，扩大胸廓的活动幅度，从而增大肺的容量，提高呼吸系统的机能。游泳运动员的呼吸差可达 14 至 16 厘米，肺活量可达 4000 至 6000 毫升。水的导热能力比空气大 25 倍，游泳时机体的能量消耗较大，因而能提高机体的代谢能力，增强新陈代谢功能，同时还能改善体温调节机能。游泳能有效增强体质，因而也是有效的防病治病手段。

（二）游泳运动的分类

游泳运动大致可分为竞技游泳、实用游泳和花样游泳。

1. 竞技游泳

符合国际泳联游泳竞赛规则要求，以速度来决定优劣的游泳，称为竞技游泳。目前，竞技游泳的泳姿分自由泳、仰泳、蛙泳、蝶泳和四式组合泳，竞技游泳的比赛项目分类如下：

自由泳：男、女 50 米、100 米、200 米、400 米、800 米、1500 米、4×100 米接力、4×200 米接力各 8 项。

仰泳、蛙泳、蝶泳：男、女 100 米、200 米各 3 项。

个人混合泳：男、女 4×100 米各 1 项。

以上 24 项（男、女各 12 项）为国际、国内大型比赛所设项目。另外，有些单项比赛中还设有男、女 4×50 米接力项目。

2. 实用游泳

指生产、生活和军事使用的游泳技术。包括侧泳、反蛙泳、踩水、潜泳和水下救生等游泳技术。蛙泳、自由泳虽不包括在实用游泳中，但在实际中也常被采用。

3. 花样游泳

花样游泳是女运动员在音乐伴奏下做出各种优美动作的艺术性游泳，亦称水上芭蕾。花样游泳比赛包括单人、双人和集体 3 项。各项比赛按规定动作和自选动作的完成情况，以总分多少排定名次。

二、游泳基本技术

（一）熟悉水性

熟悉水性是学会游泳的必经阶段，目的是让初学者了解水的特性，适应水的环境，克服恐惧心理，掌握游泳中一些最基本的呼吸、漂浮、滑行和站立等动作技术，为学习和掌握各种竞技游泳技术打下基础。呼吸与滑行是初学游泳的两个关键动作，练习时为确保安全，应尽可能选择在 1.2 至 1.4 米深的水中进行。

（二）自由泳技术

自由泳也叫爬泳，是速度最快的一种泳姿。自由泳时身体应伸展成流线型，接近水平地俯卧在水面。背部和臀部肌肉保持适当紧张。身体纵轴与水面约成 3° 至 5°，头与身体纵轴成 20° 至 30°，前进时因划水和转头呼吸，身体自然转动，转动幅度是两肩横轴与水面构成的夹角约为 35° 至 45°。自由泳打腿的作用主要是维持身体平衡，使下肢不致下沉，并产生一定的推动力。打腿动作是以大腿发力，大腿带动小腿，以髋关节为支点，力量通过大腿、膝部、小腿、踝关节，最后到脚，成鞭状打水。打水时踝关节自然放松，脚稍向内转。向上打水时产生的前进作用力比向下打水效果小，所以向下打水应该以较大的力量和较快的速度进行。打水时上下两腿距离约 30 至 40 厘米，屈膝约 160°。自由泳时两臂划水是推动身体前进的主要动力。现代自由泳广泛采用屈臂、高肘技术。臂部动作分为入水、抱水、划水、出水和空中移臂。自由泳采用转头呼吸。在两臂各划一次的过程中做一次完整呼吸，即吸气、闭气、呼气和转头吸气，同时同侧手臂在空中移动，利用头前浪的波谷吸气。自由泳呼吸时，臂和腿配合一般是 1：2：2 的配合。可根据游泳距离、个人特点和体力情况因人因时制宜。初学者用嘴用力呼气后及时用嘴快速吸气可避免呛水。以右侧吸气为例：右手入水后，嘴和鼻开始慢慢地呼气，右臂划水至肩下，向右侧转头，呼气量增大，右臂推水快结束时，用力呼气，右臂出水时张嘴吸气，移臂至一半时，吸气结束，开始转头复原，然后闭气。

（三）蝶泳技术

蝶泳的游速仅慢于自由泳，是由蛙泳动作演变而来的一种泳姿，因两臂经空中前移带着水帘颇似蝴蝶展翅而得名。之后，有人模仿海豚游水时上下打水动作，创造了"海豚泳"。于是，海豚泳又代替了蛙式蝶泳成为现代蝶泳的主要技术。

（四）仰泳技术

由于仰泳时嘴始终露在水面上，故呼吸较容易学会，尤其是浮力较好的人更容易掌握这种泳姿。只要学会了踢水动作，就会很快学会仰泳。

三、水上救护

（一）游泳救护中的专项游泳技术

自由泳、侧泳、蛙泳、踩水是游泳救护员进行水上救护时必须掌握的技术。

抬头自由泳，就是在游泳时把头抬出水面的一种游泳姿势。因为救护溺水者需要争分夺秒，而这种技术在快速游进时也能看清目标，迅速而准确地游近溺水者，所以成为游泳救护员的一种专项游泳技术。抬头自由泳的技术特点：头抬出水面不要左右晃动，眼看溺者手臂入水后要尽快进入划水和推水阶段，划水路线要比爬泳短；空中移臂时要屈臂，手的入水点比爬泳近，入水后肘不要下沉，两腿要用力打水，以便保持较高的身体位置。学习抬头自由泳，是在掌握自由泳技术的基础上进行的。因此应先学习自由泳，再练习抬头自由泳。抬头自由泳通常在救护中接近溺者时采用，因此在平时练习时，可进行 15 至 25 米的快速重复游。

侧泳是身体侧卧在水中，两臂交替划水，两腿做蹬剪水的一种游泳姿势。在游泳救护中，侧泳是救护员拖运溺水者时采用的主要游泳姿势。侧泳的特点是身体侧卧在水中，两肩与水平面成 10°至 15°角，接近垂直。这种姿势可使救护员利用自己的体侧支撑溺者进行拖运。

反蛙泳虽然在竞技游泳比赛中已被淘汰，但在游泳救护中却有重要的实用价值。因为反蛙泳主要靠腿就可以前进，两手是完全可以腾出来救护溺水者的。另外身体姿势也适于拖运溺水者。反蛙泳技术是身体仰卧于水中，胸部自然展开，颈部适当紧张，头稍后仰。两臂同时由体侧向后划水，划水的推水动作结束后提肩，两臂出水同时向前移动。在两臂向前移动时，两腿做类似蛙泳的收腿动作，收腿结束时，两脚外翻转，接着大腿发力，两腿同时向后用力做蹬夹水动作。此外，两手在肩上外侧准备入水，蹬腿结束后，身体成水平姿势，两臂即又开始向后划水。

踩水，也叫立泳。踩水是依靠四肢的协调动作，使身体能较长时间在水中停留的一种游泳技术。当救护员游近距溺水者 3 至 4 米时，要特别注意对溺水者周围的情况进行观察，判断怎样接近溺水者或进行解脱，这时需用踩水动作。准备拖运和下潜前也需要运用踩水动作，所以踩水技术是游泳救护员需要掌握的专项游泳技术之一。

（二）常用的解脱方法

水上救护是由入水、游进、解脱、拖带和岸上急救几方面组成的。发现溺水者，首先应正确判断位置和水流，从岸边跑到接近溺水者的斜下方入水。入水后，一般采用抬头的自由泳，尽快地游近溺水者。当接近溺水者时便潜入水中，自下而上地从背面把溺水者救起；如果在正面接触到溺水者，应转动他的髋部，使他的身体转成与救护者背向。在水中接触溺水者的时候，往往因溺水者的求生欲望而乱抓乱动，使救护者被其抓住、抱紧。此时救护者应保持冷静、沉着，抓住机会换口气，机动迅速地采用适当的方法进行解脱。解脱的目的是更好地进行救护，解脱后便拖带溺水者至岸边进行急救。

1. 两手被抓住的解脱方法

先以一手沿着溺水者一手的虎口，外翻解脱，随即猛推溺水者的另一手臂，使自己的另一手也得以解脱。同时扭拉溺水者的手臂，使他背转过去，进行拖带。有时也可两手同时沿虎口处猛力脱出，再设法进行拖带。

2. 头颈被抱住的解脱方法

如若救护者被溺水者从正面抱住时，一手抓住溺水者的手腕，另一手抓住溺水者的肘部，上推肘部，下拉手腕，使自己的头颈从抱着的两臂中解脱出来；同时扭转溺水者，使他背向救护者，以便进行拖带。如若从背面被抱住，则须抓住溺水者手指向左右两侧扳开，然后把溺水者扭转至自己前面，进行拖带。

3. 腰部被抱住的解脱方法

当救护者被溺水者从背后抱住腰时，抓住溺水者两手的手指，分别向左右两侧扳开，然后把溺水者扭转至自己的前面，进行拖带。当腰部被溺水者从前面抱住时，可一手按溺水者的后脑勺，另一手托住溺水者的下颌，向外侧扭转。解脱后，顺着转势把溺水者背向自己，进行拖带。

4. 上体和两臂同时被抱住的解脱方法

无论从正面或背后被抱住，救护者都应用力将自己的上臂向左右两旁撑开，迅速将身体下沉，同时托住溺水者的两肘，迅速上举，从溺水者抓抱的两臂中滑脱出去，然后转到溺水者背后，进行拖带。

（三）岸边急救

把溺水者拖带上岸后，首先应立即清除溺水者鼻子和嘴里的泥沙、水草等杂物，设法使呼吸道和食道畅通，然后用膝上压背法将水排出。这时，假如溺水者的呼吸已停止而脉搏仍在跳动，应立即进行人工呼吸。一般采用俯卧压背式人工呼吸法。实行人工呼吸时，先将溺水者俯卧在地上，头偏侧，用屈曲的一臂垫着。救护者跨过他的臀部跪着，用两手掌按着溺水者的背肋下部，大拇指向里靠近脊椎骨，其余四指微微屈曲，用稳定不变的压力俯身向前下推压。然后双手放松，回复原来的姿势。如此重复循环，每分钟约16次，直到溺水者呼吸恢复正常为止。进行人工呼吸一般时间较长，救护者可轮换交替进行，交替时要衔接好，不能停顿。溺水者已有轻度呼吸时，千万不能就此停止人工呼吸，因为这种微弱的呼吸非常脆弱，若放弃人工呼吸就会导致呼吸停止，使救护失败。整个抢救过程最好在医务人员指导下进行，这样才能取得抢救效果，并防止产生不必要的事故。

第四节　健美操

一、健美操运动简介

（一）健美操运动的起源与发展

健美操是融体操、音乐、舞蹈于一体的追求人体健与美的运动项目。早在两千多年以前的医学文献《黄帝内经》中，就有"导引养生功"的介绍，那是早期的人体健身功的表现形式，是我国关于强健体魄的最早记录。1979年湖南长沙马王堆三号墓的出土文物上，彩绘着44个不同性别、不同年龄的人采用站、蹲、坐等基本姿势，做着臂屈伸、弓步、转体、跳跃等动作，看上去和当今健美操动作相仿，这是迄今为止形象地反映我国体操或健美操的最早历史资料。近30年来，随着遍及全球的健身热和娱乐体育的发展，健美操风靡世界。特别是20世纪90年代以来，健美操以它强大的生命力，在全世界范围内迅猛开展起来。

美国是现代健美操最盛行的国家，对世界健美操的发展起着重要影响。美国人对体形和健美操非常崇拜，估计美国跳健身舞的人数达1870万，几乎与打网球的人数不相上下。美国健美操的代表人物是好莱坞影星简·方达，她根据自己的体会和实践写的《简·方达健美术》一书，自1981年首次在美国出版以来，一直畅销不衰。她用自己为了追求人体美，采用"节食减肥法""饥饿减肥法""自导呕吐法""药物减肥法"，致使身体虚弱，得了慢性病的失败教训，和以体育锻炼，特别是用健美操来保持身体健康和体态苗条的成功经验进行现身说法，提倡开展健美操运动。

在 20 世纪 30 年代由我国马济翰等人著的《女子健美体集》，含"貌美与体美""女子健美的运动""中年妇女美容操"等五章，是我国健美操理论的早期版本。世界性的健美操热传到中国是在 80 年代初。当时我国正开展五讲四美活动，讲究"美"已成为当时的话题。1982 年，上海娄琢玉的形体健美操被电视转播。1983 年，我国体操健将戚玉芳在北京崇文区工人俱乐部开办了健美操班。1984 年，中央电视台播放了孙玉昆编创的女子健美操节目。同年北京体育学院成立了健美操研究组。1985 年北京体院创编了"青年韵律操"等六套健美操。1985 年到现在，社会上各种健美班层出不穷，具有代表性的有"马华俱乐部""女子舍宾中心""韩国街舞"等，均为健美操的延续和发展。为了在大学生中更好地普及健美操运动，1992 年 2 月中国大学生体协健美操、艺术体操协会在北京成立。这标志着我国大学生健美操运动的开展进入了一个新的阶段。1992 年 9 月经国家民政部批准，中国健美操协会在北京正式成立，它是中国奥林匹克委员会承认的全国性运动协会，将我国健美操运动推到一个有组织、有计划发展的新时期。

（二）健美操的特点

各类健美操的共性均为健身，但也有所不同。如中老年健美操，就是根据老年人生理、心理特点，吸取了民间传统的气功、太极拳、民间舞和现代操的有关动作，结合模仿老年人熟悉的家务劳动、体育锻炼和日常生活中的动作而编；姿态操则主要是通过突出姿态练习而达到提高姿态美、气质美的目的而编；按解剖结构而创编的健美操则是为有针对性地锻炼人体某个部位而编的，如针对腿粗锻炼者的健腿操，针对腰粗锻炼者的健美操。

（三）健美操的锻炼价值

健美操是以健身为基础，把形体美、姿态美、动作美、精神美有机地结合起来，既注意形体的、姿态的、动作的、外在美的训练，又注重美的欣赏力、美的情操等内在美的培养。因此健美操的锻炼目的概括起来为：健美操是融体操、舞蹈、音乐为一体，经过再创造，按照全面协调发展身体的需要，组编成操，在音乐伴奏下，起到增进健康，培养正确体态，塑造美的形体、陶冶美的情操的一种锻炼手段。健美操的锻炼任务分为 5 个方面：

（1）促进身体的正常发育，增强肌肉力量、提高内脏器官的功能，发展身体的柔韧性和协调性等基本素质，增进健康，增强体质。

（2）培养正确的身体姿势，矫正不良姿态，形成正确健康的优美体态。

（3）协调人体各部位的肌肉群，使人体匀称和谐地发展，塑造美的形体。

（4）培养正确的审美观、良好的气质、风度、乐观进取的不懈精神，陶冶美的情操。

（5）正确认识健美价值，为培养终生体育奠定基础。

二、健美操基本技术

（一）健美操基本动作的概念和特点

1. 健美操基本动作概念

健美操基本动作是指健美操动作中最主要最稳定的部分，所有动作都是以此为核心加以扩展。基本动作是掌握其他动作的基础。健美操基本动作包括基本姿态动作、基本难度动作、基础动作三大部分。基本姿态动作是指身体处于静态和动态时各部位的姿势，它可以通过舞蹈的姿态进行训练；基本难度动作是指与竞技性的健美操中规定的特定动作相应的，具有一定难度的动作，如踢腿、俯撑、收腹举腿等；基础动作是根据人体结构活动特点而确立的具有代表性的动作，共分为 7 个部位动作，即头颈部、肩部、胸部、腰部、髋部及上肢、下肢动作。

2. 基本动作特点

（1）基本动作是健美操中最典型、最核心的部分。健美操中所有动作的变化和创新都是在基本动作的基础上产生和发展的。某个部位的基本动作是该部位最具代表性和典型性的动作。

（2）基本动作是发展健美操难度和编排动作的基础。在初学健美操时，首先应掌握身体各部位的基本动作，才能抓住健美操的特点，编排组合其他动作。

（3）基本动作是健美操动作中最重要、最稳定的部分，健美操突出的特点之一，就是全面地影响身体，使练习者更加健美。如踢腿动作要抓住正、侧、后三个方面的基本动作，在此基础上还能发展各种各样的踢腿动作。

（二）健美操基本动作

健美操的基本动作是进行健美操练习不可缺少的重要基础内容。基本动作是根据身体的各部位确定的，分为手型、头颈练习、肩部练习、胸部练习、上肢部位练习、腰部练习、髋部练习、下肢部位练习。

三、自编健美操

大学生通过学习和掌握健美操基本动作，并进行大量练习以后，可以根据自身的特点和爱好（音乐和动作）自编成套健美操，也可几个同学集体创编，再加上队形的变换。通过选编动作和选曲过程可以提高大学生对健美操的学习兴趣，陶冶情操，培养学生自信心和表现力，提高学生体育能力，养成体育锻炼的习惯。创编健美操应注意以下几点。

（一）目的明确

创编成套健美操应明确创编的目的与任务，如健身、减肥、保健、塑造健美形体、增强体质、参加比赛等。不同目的在程序设计的方法、力度、幅度、运动量也各不相同。一般健身、保健、增强体质就做些中速的全身练习，运动量和强度中等，直接测量指标是心率100至140次/分。

（二）全面性

健美操各动作的时间、空间利用率大，动作路线、方向可有多种变化，动作的力度、幅度调整的余地很大，在创编时应考虑到动作的路线、方向、力度、幅度等方面因素，从而达到全面发展身体的要求。

（三）运动负荷的合理性

创编健美操套路时，必须遵循人体运动的生理规律，运动负荷要逐渐增大，运动幅度应由小到大，动作由简到繁，心率变化由低到高的波浪形上升和下降，然后恢复到安静状态。

（四）音乐节奏与动作的统一性

健美操的特点和风格是通过音乐的协调配合来表现。因而在选择音乐时要注意音乐的旋律、风格与动作的性质、节奏、风格和练习者情绪的协调性、一致性，充分体现健美操的艺术性和青春活力。

第五节 冰上运动

一、速度滑冰

（一）速度滑冰运动简介

1. 速度滑冰的起源与发展

13世纪中叶，荷兰出现安装在木板上的铁制冰刀。1572年苏格兰人发明了第一双"全铁制冰刀"。1676年在荷兰的运河上举行最早的速滑比赛。18世纪末到19世纪初，以竞速为内容的滑冰比赛由荷兰发起。1850年美国的布什内尔制造了第一副钢质冰刀，在这之后保尔森发明现代所用的管式冰刀，使速滑运动水平有了新的提高。1885年在德国的汉堡举行第一次国际速度滑冰比赛。1924年在法国举行了第一届冬季奥林匹克运动会，速度滑冰被列为正式比赛项目。I960年女子速度滑冰被列为冬奥会项目。世人瞩目的第18届冬季奥运会，荷兰人发明的新式冰刀，使运动成绩空前提高，从而载人速滑运动史册。我国速度滑冰有着悠久的历史，滑冰是从作为交通运输工具开始出现的。但随着清朝末期腐败没落，滑冰运动也随之衰败了。1949年中华人民共和国成立后，速度滑冰开展得到了发展和普及。1953年2月在哈尔滨市举行了第一届全国冰上运动会。1963年罗致焕在世界锦标赛获得1500米冠军，这是我国有史以来的第一个世界速滑冠军。1990年2月王秀丽在世界锦标赛获得金牌，这是我国第一个女子速滑世界冠军。1992年叶乔波在第16届冬奥会上获得500米和1000米两枚银牌，实现了我国在冬奥会上奖牌"零"的突破。2002年杨扬在第十九届冬奥会上获得500米和1000米两枚金牌，实现了我国在冬奥会上金牌"零"的突破。

2. 速度滑冰运动的特点

为提高滑跑速度，采用减小制动作用，提高动力作用，并适合运动自身特点的特定的滑跑姿势。运动员在冰上滑行时，是以锋利刀刃切入冰面形成稳固的支点并完成向侧蹬冰动作的。这个支点随着运动员身体移动而移动。运动员在冰上的滑跑动作是以窄而长的冰刀完成的，这就要求运动员具备较高的支撑平衡能力，以不同姿势和动作形式来完成整个滑跑动作。速滑时，一个复步技术动作是由两个滑步构成的，两个滑步构成了一个动作周期。直道的一个动作周期包括四个时期、六个阶段、十二个动作；弯道的一个动作周期包括四个时期、四个阶段、八个动作。

3. 速度滑冰的锻炼价值

速度滑冰运动所需巨大的身体负荷量，对改善身体机能，促进心血管运动有明显的作用。一般人在安静时，心率为70次/分左右，而在做剧烈运动时，心率达170至180次/分时已相当难受；而速滑运动员安静时心率为40至50次/分，运动时最高心率可达220至230次/分，并可持续运动。这说明在这项运动的练习过程中，使身体得到充分锻炼，心血管和肺活量得以明显的改善。对青少年来说，是促进他们健康发育，增强活力的极好运动。速度滑冰运动能够全面促进和协调发展速度、力量、耐力、灵敏等身体素质以及平衡能力。对正在发育的青少年的正常发育，具有更大的益处。速度滑冰运动一般在零下10°至20°的室外进行，经常从事此项运动，会使机体对寒冷有高度的适应能力。提高神经系统对体温的调节能力，提高人体对流感等疾病的抵抗能力。在低温下运动，无论是在心理、体力等方面都能很好地培养和锻炼人们的机智、勇敢、顽强、果断、坚忍不拔等优秀品质。这些品质在学习和工作中，对克服困难，战胜困难，完成繁重的工作任务，都具有十分重要的意义。

（二）速度滑冰比赛中的有关规定

速滑比赛是在两条封闭式的跑道上进行的，运动员按逆时针方向滑跑，在滑跑中必须按自己抽定的道次滑跑，不得侵入他人的跑道。如运动员在滑跑时摔倒，可以继续滑跑，但不得妨碍他人，否则将被取消比赛资格。交换跑道是速滑比赛不同于其他项目的特殊规定。规则规定：运动员在滑到换道区时，在内道滑跑的运动员要转入外道滑行，同样在外道滑跑的运动员要转入内道滑行，违者将被取消该项比赛资格。

由于速滑比赛的长距离经常是采用双发的出发形式，所以在后者追上前者或运动员滑入同一跑道时，两运动员之间的距离必须保持在 10 米以上。也就是说，不允许运动员尾随滑跑，在受到警告后仍不拉大距离时，尾随运动员将被取消比赛资格。在判定运动员到达终点，速度滑冰与田径项目不同，是以冰刀触及终点线即可判作已经到达终点。运动员在终点线前摔到，可伸脚力争触及终点线，但不得因此妨碍他人滑跑，否则将被取消该项比赛资格。速滑各单项比赛以时间计成绩，决定名次。全能四项比赛是以每个单项的成绩换算成得计算的。500 每 13 得 1 分，1000 每 23 得 1 分，1500 每 38 得 1分，3000 每 6s 得 1 分，5000 每 12s 得 1 分，10000 每 20s 得 1 分，得分越少，成绩越好。

二、滑雪

（一）大众滑雪运动的特点

1.大众滑雪运动的力主要是重力。人体从山上向山下滑行主要的力是地球的引力，对人体的内力要求不大，这是高山滑雪运动的显著的特点。

2.大众滑雪运动中的条件复杂而多变，地形复杂、雪质不同、条件多变，而且受自然条件影响极大，滑雪者必须时时去适应这些情况，这也是高山滑雪的重要特点。

3.滑雪器材与人"一体化"是高山滑雪的另一特点，高山滑雪是利用滑雪板、滑雪鞋、固定器、滑雪杖等特殊用具的体育运动项目，把来自雪面的力传给身体，又把身体的动能传给雪面，这些都是通过滑雪器材来完成的，否则滑行者是无法维持平衡的。因此我们可以把雪板当作是人体的一部分，而雪鞋、固定器又是构建人与雪板之间的"介体"，加之雪板的结构以及所具有改变外形的特性，板与人一体化的特点则更加明显。

（二）滑雪运动的锻炼价值

滑雪运动有利于强健体魄、陶冶情操，有利于增强耐寒能力和锻炼坚强意志，有利于防治疾病。不论男、女、老、幼，都可以尽享滑雪的乐趣与魅力，对人们有极大的吸引力，参与面很广，特别是高山滑雪，更是如此。滑雪运动是一项极具魅力的体育项目，具有很高的锻炼价值，随着社会和经济的发展将有更多的爱好者投入到这项运动中来，从而推动我国的滑雪运动得到更快的发展。

（三）滑雪基本技术

高山滑雪的基本技术包括滑降和转弯两大类，此外还有犁式制动技术与穿雪板登坡技术。滑降技术包括双板平行直滑降、犁式直滑降以及斜滑降和横滑降。转弯技术包括犁式转弯、半犁式转弯、双板平行转弯等。

第二章 时尚体育运动

第一节 轮滑、滑板

一、轮滑

（一）轮滑运动概述

1. 项目简介

轮滑运动，过去人们一般称之为"滑旱冰"，它是水冰在陆上辅助训练过程中逐渐演变形成的运动项目。

18 世纪，荷兰一名滑冰爱好者为解决夏天滑冰问题，发明了最初的轮滑鞋。真正的轮滑鞋是由美国的詹姆斯·普利姆普顿于 1863 年发明的，是一双四个轮子且轮子并排排列的轮滑鞋。这种鞋的发明推动了各国轮滑运动的发展。1866 年，詹姆斯在纽约投资开办了第一座室内轮滑场，并组织了纽约轮滑运动协会，首次将轮滑运动列入体育运动正式比赛项目，轮滑运动迅速传遍欧洲各国。1884 年，美国理查森和雷蒙德发明了滚珠轴承，导致了轮滑技术的变化。1879 年，英国成立了国家滑冰协会，四年后，轮滑运动也归该协会管理。1892 年 4 月 1 日，国际轮滑联盟在瑞士成立，总部设在美国。20 世纪初，轮滑运动在美国和欧洲进一步发展，一些国家纷纷成立了速度轮滑俱乐部，英国于 1908 年修建了世界上最大的轮滑场。1924 年，英国、法国、德国、瑞士 4 国的代表在瑞士蒙特勒成立了国际轮滑联合会。从 1926 年起，国际和世界性的轮滑比赛陆续举行。现在经常举办的世界比赛有速度轮滑（逢单年世界场地速滑锦标赛，逢双年公路速滑世界锦标赛）、轮滑球（逢单年举办 A 组世界锦标赛，逢双年举办 B 组世界锦标赛）、花样轮滑（每年一次世界锦标赛）。1997 年，国际轮滑联合会成为国际奥委会的正式成员。

作为一种娱乐项目，轮滑于 19 世纪末传入我国。而作为一个体育项目，轮滑在 20 世纪 80 年代初才开始在我国发展起来。1980 年，中国轮滑协会成立，并加入国际轮滑联合会。从此我国轮滑运动进入了一个蓬勃发展的新时期。现在全国大部分城市都修建有轮滑场或室内轮滑厅，数以万计的人参加这项运动，每年都有全国性的轮滑比赛，同时派队参加亚洲轮滑锦标赛和世界单项赛事，我国的轮滑运动技术水平飞速提高，目前居亚洲上游水平。时至今日，我国几乎所有大中城市都开展了轮滑运动，不仅青少年参加，一些中年人、老年人也纷纷参与，成为一项普及面较广的群众性体育运动。

2. 运动特点

轮滑运动集健身、竞技、娱乐、趣味、技巧、休闲于一身，同水冰相比，它更刺激、惊险。轮滑受气候和场地条件的限制较小，其用具携带方便，技术容易掌握，而且具有健身休闲等多重功效，所以深受中青年和少年儿童的喜爱。随着该运动的不断完善，轮滑运动如今越来越普及，已经成为都市休闲健身生活的一种新时尚。它可使练习者从平时紧张、压力繁重的学习和工作中解脱出来，能增强臂、腿、腰、腹等肌肉力量和身体各个关节的灵活性，发展平衡能力和勇敢、果断的意志品质。此外，轮滑是一项四季皆宜的活动，对场地设施和装备的要求不高。一些年轻人还将它作为交通工具，滑着滑轮穿梭于校园不同楼群之间的学生时常可见。

相对别的体育运动来说，轮滑有以下显著特色。

环保性：轮滑运动本身不会产生任何污染，倡导了健康的环保观念，是一项时尚的健康运动。

娱乐性：轮滑有很强的娱乐性和趣味性，通过这项运动，人们可以从紧张的学习和工作中解脱出来，达到放松身心的目的。

健身性：轮滑可以有效地改善和提高运动者机体中枢神经系统的功能，提高呼吸系统、消化系统、血液循环系统功能，全面协调和综合发展人体在速度、力量、耐力、灵敏性等方面的素质，增强臂、腿、腰、腹肌的力量和身体关节的灵活性，特别对提高人的平衡能力有很大的作用。如果一个人想消耗卡路里，同时锻炼自己的肌肉，轮滑是最好的运动，其效果甚至超过跑步或骑单车。

工具性：轮滑具有很多体育项目所不具备的一个特性，那就是在平整的路面上，轮滑可以作为代步工具。在交通越来越拥挤的今天，当穿着轮滑鞋穿梭于车来人往的大街上时，必然会吸引好多路人羡慕的目光。

（二）轮滑入门

1. 站立方法

初学者穿上轮滑鞋会因轮子滑动而站立不稳，下面介绍三种基本站立方法。

（1）丁字站立法

前脚后跟卡住后脚的脚弓，成丁字步站立。上体稍前倾，两膝微屈，重心稍偏于后脚上。

（2）八字站立法

两脚后跟靠近，脚尖自然分开，上体稍前倾，两膝微屈，重心在两脚间。

（3）平行站立法

两脚平行分开，相距约 10~20 厘米，两脚尖稍内扣，上体稍前倾，膝部微屈，重心落在两脚中间。

2. 原地移动重心

这是学习滑行前非常重要的一个练习步骤。

（1）原地左右移动重心

两脚平行站立，上体向一侧移动，并逐步将重心都移到这侧支撑脚上，站平稳后再向另一侧移动，反复练习。这是滑行中横向移动重心的重要基础。以上练习可延伸到支撑时间为 10~15 秒后，再转移重心，这是向前滑进中单腿支撑平衡的基础。

（2）原地抬腿

八字站立，一腿微屈上抬，离地 5~10 厘米，落地后再抬另一腿，反复进行。这是向前迈步的基础。在这个练习上可逐渐抬高大腿与地面平行。

3. 迈步移动重心

正确的移动身体重心和迈步是掌握正确滑行的基础。

（1）向前八字走

两脚丁字步站立或八字步站立，一脚稍抬起向前迈出一小步，脚尖向外落地，同时重心迅速跟上，然后另一脚迈出，交替进行。

（2）横向迈步移动

两脚平行站立，一脚横迈一步，重心迅速跟上，另一脚收回靠拢着地。稳定后，向相反方向重复动作。这是在滑行中横向移重心的基础。

（3）横向交叉步移动

基本动作同横向移动一样，不同的是脚收回时不是靠拢，而是从支撑脚上方越过，成交叉步向侧移动重心变为支撑脚，原来的支撑脚再继续横向迈步。这是弯道压步时交叉压步的重要基础动作。两个方向都应练习，以适应花样轮滑、轮滑球、自由滑行的需要。

4. 初步滑行

（1）走步双滑练习

向前八字走几步，然后两脚平行并拢，借助惯性向前滑行。反复进行，体会滑行的感觉。

（2）单蹬双滑

两脚八字站立，两脚同时向两侧蹬地形成两脚同时前滑，重心移向左，左腿成支撑腿，右脚再多做一点儿蹬地动作后迅速收回向左脚靠拢，脚尖稍偏外侧，落地自然成八字步，同时重心向右脚上移，左脚开始侧蹬地，重复右脚蹬地后的动作。两脚交替蹬地 5~6 步后，两脚平行并拢，借惯性向前滑行一定距离。

（3）高姿势滑行

两脚成八字步站立，膝、踝关节微屈，上体直立。两脚同时侧蹬地，双脚同时前滑，重心移向左脚，左脚成支撑脚，右脚侧蹬地后迅速收回向左脚靠拢，脚尖向外落地成八字步，同时重心跟上成支撑脚，左脚开始侧蹬地，重复右脚蹬地后的动作，两脚交替蹬地向前滑行。

（4）前滑压步转弯

左转弯时，左脚支撑滑行，身体左倾，右脚向侧蹬地后，摆腿越过左脚。在左脚的左前方落地并承接重心滑行，左脚在右脚后侧蹬地，蹬地后前移至左侧落地支撑滑行。右转弯与左转弯动作相同，方向相反。

（5）后滑

①葫芦形后滑（双脚后滑）。两腿弯曲，重心下降并有点后坐，两脚尖靠拢成内八字开立。两脚用内轮向侧前方蹬地开始滑行，当两脚滑到略宽于肩时两腿和两脚跟用力内收靠拢。两腿一开一合向后滑行。

②蛇形后滑（双脚交替后滑）。上体正直，两腿微屈，两脚成内八字开立。右脚向侧前蹬地，重心移到左脚支撑向后滑行，右脚蹬地，后脚跟（后轮）稍抬起收回到左脚内侧，此时，重心（臀部）开始向右侧摆移，左脚蹬地，同时右脚支撑向后滑行。两脚交替蹬地向后滑行。

（6）后滑压步转弯

如向左压步转弯时，左脚支撑向后滑行，身体左倾，右脚蹬地后从左脚前方移到左侧支撑重心，然后左脚蹬地从右脚后边收回支撑向后滑行，这样连续向左压步转弯。

（7）双脚前滑转体变后滑

两脚平行前滑，左转时，左脚后轮支撑，前轮离地，右脚前轮支撑，后轮离地，身体左转 180°接后滑。右转同左转方法相同，但动作方向相反。

（8）双脚后滑转体变前滑

两脚同时后滑，向左转体时，重心移右脚，左脚提起，随身体向左转180°落地支撑重心，同时右脚蹬转接前滑。向右转体时，动作方向相反。

5. 停止方法

（1）转弯减速法

动作方法是用作惯性转弯的动作来消耗掉滑行的速度惯性，逐渐减速直至最后停止。

（2）丁字停止法

当左脚支撑滑行时，右脚横放在左脚后面，使右脚的轮子横向与地面摩擦至停止，这个方法停止速度较慢，动作简单，适宜初学和滑速较慢时使用。如想急停，重量应多压在后脚上。

（3）倒滑停止法

这种方法适用于装有前制动胶的轮滑鞋。方法是在倒滑中将两脚变为前后开立，把重心移到前脚的前方，同时将两脚后跟提起，后轮离地，使脚前部的制动胶着地与地面摩擦而停止。此时是前腿弓、后腿直，上体稍前倾的姿势。

（4）平行停止法（侧向停止法）

这是一种难度大的停止法，地面不平和技术不高的人慎用，方法是在滑行中，双脚和上体突然向左转体90°，上体向左倾斜，两腿弯曲缓冲，使滑轮横向摩擦急停下来。

（三）速度轮滑基本技术

速度轮滑由起跑、直道滑行、弯道滑行、冲刺几个环节组成。

1. 起跑

起跑由预备姿势、起动和疾跑组成。

（1）预备姿势

目前有多种预备姿势，丁字形、平行、八字形和前点地预备姿势等，相比较前点地预备姿势更优越一些。

前点地预备姿势：面对起跑方向，两脚分开距约35~55厘米，两脚间开角大约50°~70°。前脚与起跑线约成65°~70°，后脚与起跑线成10°~15°。上体前倾，两臂自然下垂。重心在两脚中间或偏前一些。蹲屈程度可根据腿部力量而定。

（2）起动

听到起跑信号后，迅速抬起前脚，后脚用力蹬地伸直，上体前倾，髋关节前送，两臂用力摆动，整个身体迅速向前冲出。由于预备姿势的不同，第一步起动也有所不同。

（3）疾跑

起动后，疾跑五六步进入滑行，疾跑时姿势较高，频率快，蹬地有力。

2. 直道滑行

滑行姿势是：上体前倾，肩稍高于臀部，背部自然放松。大腿与小腿成110°左右的夹角，小腿与地面成60左右的夹角。头部自然抬起，两眼注视前方10米左右的地面。如果右脚支撑前滑，左脚在左后侧蹬地，左脚蹬地后，屈腿后摆再前收，靠右脚后落地支撑滑行，接着右脚在右后侧蹬地，交替滑行。摆臂方法是如左脚蹬地时，左臂向右前上方摆，而右臂向右后上方摆。以肩为轴，协调配合腿部动作。

3. 弯道滑行

从直道进入弯道时，滑跑姿势比直道低些。由于离心力的存在，上体必须向左倾斜，倾度的大小，必须与滑行速度和弯道圆弧的半径相适应。如左脚滑行时，右脚在右后侧蹬地之后，右大腿带动小腿落在左前侧支撑滑行，重心移到右脚；同时左脚在右后侧蹬地收回支撑滑行。如此交替压步转弯至直道滑行。摆臂方法有别于直道滑行，右臂摆动较大，以肩为轴，大臂带动小臂前后摆动，可略高于肩。左臂却是贴身摆动，幅度相对小些。

4. 冲刺

冲刺是在全程滑跑的最后一段距离进行。冲刺距离长短，取决于滑跑的项目和运动员的训练水平。项目距离越长，运动员训练水平越高，冲刺距离就越长。长距离一般在最后400~800米时冲刺。短距离在最后100~200米时冲刺。

（四）花样轮滑基本技术

1. 前外弧线

以左脚开始，右脚内刃蹬地，用左脚外刃滑出，身体稍向左倾斜，左臂在前，右臂在后，右腿蹬地后直腿后举。身体缓慢左转。右腿前移靠近左腿，两臂侧平举。在滑过弧线一半时，右臂向前，左臂向后，交换右脚向前落地滑行，左脚内刃蹬地，其他动作同前，只是左右互换，两脚交替滑行。

2. 前内弧线

以左脚开始，用右脚内刃蹬地，左脚内刃滑出，右臂在前，左臂在体侧，右脚蹬地后直腿后举。滑过弧线一半时，两臂交换位置，右脚移至左脚前面落地以内刃滑行，左脚蹬地后的动作同前，只是左右互换。两脚交替滑行。

3. 后外弧线

以右脚滑后外弧线，可先向右做后压步。左脚用内刃蹬地后，用右脚外刃落地向后滑弧线。头从右肩上向后看，右臂在后，左臂在前，身体向右倾，右脚微屈膝。当滑过弧线一半时，头仍向右看，两臂随身体左转互换位置，右腿逐渐伸直，同时，左脚放到体后。当滑速减慢时，再做后压步，然后再进行右后外弧线滑行。

4. 后内弧线

以右脚内刃做向后弧线滑行。先做向左的后压步，左脚蹬地后，右脚内刃着地向后滑弧线时，右臂在前，左臂在后，身体稍向左倾，头左转向后看。滑过弧线一半时，左脚移至右脚的侧前方，上体姿势不变。滑速减慢时，再做向左后压步，继续做右后内弧线滑行。

5. 双足原地旋转

两脚平行站立，两臂先向左摆，接着右臂向右快速平摆，身体同时右转。用左脚的后轮和右脚的前轮支撑旋转。两臂放于体侧或抱在胸前，可加速旋转。

（五）轮滑练习的注意事项

轮滑是一项极易掌握的体育运动，任何人都能很快地学会它。但对很多人来说，初次接触轮滑时，心理上会产生一种畏惧感。刚开始练习轮滑时，要注意以下几点：

1. 轮滑鞋要合脚

既不能过大，又不可过小，前脚掌处最好留有一定空隙，以便使前脚掌可以轻微活动；袜子要柔软合脚；鞋带选择要适宜，不要太长，以免绊脚，在捆绑鞋带时要注意松紧适度，过紧会影响脚部血液循环，过松则鞋容易活动。检查轮滑鞋的螺母是否有松动，如发现松动应立即拧紧、加固，同时轮滑鞋的轮轴不能超出轮子以外。

2. 保护用具

练习者要戴好护腕、护肘、护膝、头盔等保护用具，以便在摔倒时进行保护。运动前要进行热身活动，将全身的关节、肌肉充分活动开。

3. 学会自我保护

轮滑是一项易摔倒的运动。在滑行过程中，如果向前或向侧摔倒时，应屈膝下蹲，用双手撑地，减轻摔倒的力量；如果向后摔倒，要屈膝下蹲，顺势倒下，使臀部先着地，并低头团身以免摔伤头部。

4. 滑行时不要只顾低头滑行，要注意观察周围情况，以免撞人。

5. 在公路上进行轮滑练习，要避开来往车辆和行人，应严格遵守交通规则，高度重视安全，避免发生伤害事故。

6. 轮滑是一项体力消耗较大的运动。夏季训练时，出汗量会很大，要多喝盐水，防止运动过量和运行性中暑。

二、滑板

（一）滑板运动概述

在二十世纪五十年代末的太平洋彼岸，善于发明创造的爱迪生的后裔们把古老神州人们的幻想或多或少地变成了现实。五十年代初美国西海岸是弄潮儿们大试身手的地方。他们使用普通木头和价格昂贵的轻木制成的冲浪板在风口浪尖上寻找乐趣。到五十年代中期，模压聚氨酯泡沫和玻璃纤维取代了木制冲浪板。这些新型冲浪板的机动性和耐用性使得冲浪运动在五十年代末大为流行。

滑板运动是冲浪运动在陆地上的延伸。前者受地理和气候条件的限制，而后者则有更大的自由度。阳光明媚的南加州海滩社区的居民们很快制出了世界上第一块滑板。

在今天看来，那是相当古朴的一项发明：一块 50 厘米 ×50 厘米的木板固定在轮滑的铁轮子上。即使这样一个简单的运动器械，因为它能提供冲浪给人带来的同样心理感受，也引起了人们的足够兴趣。

但是，这种第一代滑板由于其本身的落后性（板太笨重，无弹性，转向机构不灵敏，轮子太滑等），滑板运动并未得到像今天这样的普及，这种最早的滑板可以在滑板录像节目《禁止》中看到。

第 2 代的滑板诞生于 1962 年。这是由橡木多层板压制而成的 15 厘米 ×60 厘米的板面、轮滑转向桥和塑料轮子组成的。和第一代滑板相比，这种滑板无疑是技术上的一个飞跃。但是，这种滑板的塑料轮的性能依然很不理想。它过小的附着摩擦力使滑板急转弯时失控；而它的低弹性则是滑板遇到即使微小的障碍物也会要戛然而止，把滑手摔下来。同时，它的耐磨性也太差。尽管如此，这种滑板仍然受到滑手们的普遍欢迎。毕竟，和前一代滑板相比，它已经有了很大程度的进化，相对宽大的板面使滑手们更容易站立和操纵。中国国内销售的滑板大多数属于这种第二代产品。

1973 年，一个叫弗兰克·纳斯沃西的滑板爱好者第一次把聚氨酯轮子安上他的滑板并取得意想不到的效果。他随即开始把这种叫"卡迪拉克"牌的轮子卖给他的滑板朋友们。这种柔韧的轮子不仅耐磨，而且可以使滑板安全稳当的急转弯，轻而易举地碾过地上的小障碍物。第三代滑板就这样发明了。由于滑板从冲浪衍生的原因，七十年代初的滑板文化基本上是带有冲浪印记的文化。滑板爱好者和滑板公园的建设者们一开始建造了不少模拟冲浪的地形。后来，他们终于意识到，由于滑板比冲浪板的阻力小，重量轻，可以建立不同于冲浪而更适合滑板的地形以取得更大的速度、机动性和自我表现能力。

加州圣莫妮卡的"West wind"滑板队把废弃的钥匙孔型冰池作为练习垂直表面滑板的场地，一时在加州形成了寻找泳池热。从这时起，滑板运动与冲浪运动不仅是从器材、场地，也从人员上，彻底分离出来，成为突起的一支异军。这支新军不涉足冲浪，一心钻研滑板，并开始形成自己的语言、技巧、衣饰风格和音乐爱好。形成了新生的、以城市为主导的滑板次生文化。

七十年代中期是第三代滑板飞速发展的时期。预感到一种新型的体育运动就要应运而生，无数个由滑板和冲浪爱好者建立的小型滑板公司如雨后春笋般出现，开始在技术质量上展开全面的竞争。聚氨酯轮子的潜力被充分挖掘出来。不断改进的聚氨酯轮子使滑板附着摩擦力加强，速度增加，甚至可以滑上垂直表面。

（二）滑板的种类

1. 玩具板

玩具板指仅供滑行的滑板，初学者也可以用。初学者应选择平坦的滑行场地，在滑行时应戴上护肘、护腕、护膝、头盔等护具。

2. 专业板

专业板，这是每一个真正玩滑板的人都应该认识并且熟悉的。由于滑手要做各种各样的高难动作以及各种各样的花样，甚至是稀奇古怪的玩法，因此专业板的所有各部件的强度以及各种性能指标应满足使用要求。

具体分街式和 U 池，公路式，山坡速降式，区别不大。U 池板比较宽，桥比较软；公路式板面很长（其实公路板已经独立发展成了另一种运动，简称 Long Board）；山坡速降式有较高的桥和充气轮胎。

（三）滑板的选择

1. 轮子

选用材料时，要考虑其适用于不同的场地路面，如地板路面、水泥路面、柏油路面等。无论在什么路面上滑行，轮子都要有良好的弹性、耐磨性，而且硬度要适中，还要保证轮子对路面有足够的摩擦系数（轮子的硬度系数一般有三个单位，A、B、D，由于部分材料与指标不同，所以无法进行准确的换算）。

2.缓冲垫和套

主要起到缓冲和减震作用。其一是在路面出现凸凹不平时,起到减震作用;其二是在大运动量时,起到保护零件作用;其三是起到使身体保持平衡的作用。

3.板面

一般选用加拿大枫木多层板压缩而成,压缩工艺分为冷压与热压,冷压即不用添加胶合物直接将木片进行压缩,更为先进,性能更好。板面具有高强度冲击韧性及良好的弹性,当在一定高度跳上滑板时,保证踏板不受到损坏。

4.支架

支架,我们简称为"桥",桥是整个滑板中承受最多扭力,最多挤压,最多摩擦的滑板配件。桥一般采用合金浇铸,各品牌之间工艺与设计也有所差别。桥有高、中、低之分,同时,桥的中轴长度也与不同板面宽度相匹配。

(四)滑板的基本技术

1.上下滑板

站法有两种:一种是左脚在前,脚尖向右,也叫正向站法;另一种是右脚在前,脚尖向左,也叫反向站法。大多数人玩滑板都是采用前一种站法。后面所述的技巧都是以此种站法为基准的。如果认为这样站不舒服,也可以换个方向,采用第二种站法。

(1)准备:两脚立地,滑板平放于脚前的地上。上板:先把一只脚放在滑板的前端,另一只脚仍踩在地上。

(2)身体重心移到已上板的脚上,上体微微前倾,膝弯曲,手臂伸展,保持平衡。

(3)踩地脚轻轻蹬地,然后收到滑板上,放在滑板的后部,这时,整个身体和滑板就开始向前滑动。

下滑板时:

(1)当滑板没有完全停下来,还在向前滑行时,将重心放在前脚上然后像起落架一样把后脚放在地上。

(2)后脚落地后,重心随即转移到后脚,然后抬起前脚,让两脚都落在滑板的一侧。当能自如地上、下滑板时,就应该试着让前后脚位置换一下,熟悉反向滑行的姿势。

2.惯性滑行

滑手将右脚踏在滑板的中前部靠右。左脚踩在地上,重心集中在右脚。

用左脚蹬地，使滑板向前滑动，然后把左脚收上来踩在滑板尾部，保持站立的平衡，滑行一段，再用左脚蹬地，重复动作。如此反复练习，再掌握的较好之后便可以做较长距离的滑行了。开始可以做 10 米、20 米，然后加到 50 米、100 米，反复练习到可以轻松熟练地加速滑行为止，要掌握好重心变化是滑板的方向和速度。

3. 障碍滑

障碍滑技巧中，速停和急转是非常重要的技巧。从坡上滑下时，速度比较快，要学会采用双脚保持在滑板上，转动滑板横向刹车的停板法。有两种方法能改变滑板的速度：一是用后脚控制好重心尽力使身体前倾来带动滑板前进；二是双脚使劲，滑板面富有弹性，利用弹性向前滑行。只要按前所述，掌握好平衡，且脚下灵活，就是掌握好障碍滑的技术了。

4. 下坡滑

尽量选一条长一些的滑道，最好是既有快速下滑段、中速下滑段，又有延伸较远的缓冲段，这种滑道最适合初学者练习下坡滑了。下坡滑的技术重点在于控制，速度是其次的。先要学会稳滑，当在下坡滑中，将双脚放在滑板的两端，遇到转弯或是需要做越岭动作时，要将双脚移至滑板中央，面部和身体应该朝向正前方，身子蹲伏下来，大腿靠近前胸，两手伸出。

5. 转圈

滑手将滑板向前推，然后站上去，两脚跨立，左脚可以灵活移动。将重量压于板尾，使板端抬起一两英寸。当板端在空中时，身体向顺时针方向转动；前轮着地时，滑板向右偏转。将这一系列动作连贯起来，不断练习。

6. 下坎

靠近街坎时，将重心移到后脚。在板端越过坎沿儿时，将前轮抬起。保持这一姿势，稍向下蹲，准备着地。

7. 上坎

靠近街坎时，滑手将重心移到后脚，在到达街坎之前抬起板端使其跳过坎沿。在空中迅速将重心从后脚移到前脚。将滑板前端按到台阶上，以使板尾也上台阶。

8. 反转

向前滑板，使其达到适当速度，将两脚尽量张开跨滑板两端。将重心放在前脚，即左脚，使板尾翘起，同时顺时针旋转 180°（向后或向外转）。如果动作正确，完成后滑板倒转过来，右脚成为支撑脚。

9. 360° 旋转

滑手在滑行中通过轻微的推转以找到平衡，可以来回摆动，也可绕圈。

尽量使滑板保持水平。准备好后，逆时针摆动手臂。同时保持平衡，还可向左做最后一次推转。重心落在右脚，向右摆动手臂，并带动整个身体旋转。转动时以后轮为轴。尽量使后轮保持水平。不要将板前端抬得过高。实际上，无须注意滑板的前端。只需将重心放在板尾，并加大旋转，前端自然会抬起，并且高度刚好。

10.单轮旋转

滑手驾驶滑行到适当的速度，翘起滑板前端，用后轮做360°的旋转。要掌握好身体平衡，尽量使滑板在空中停得久些。用手抓住滑板前端，保持住平衡的支点，使人和滑板一起旋转。然后后脚踩滑板的一边，用手去抓滑板，使后轮的一个轮子离地，起码要转两圈以上。

（五）安全注意事项

1.使用前将轮子调整好，使其运转自如。

2.要根据自己的使用情况用锁紧螺母合理调整缓冲垫的弹性。

3.要定期给轴承注油，增加轴承的润滑，减少滑行阻力。

4.初学者需要在亲友的帮助下，在倾斜角度小的坡面上滑行，随着技术水平的提高，逐步调换不同的坡度。

5.不要在潮湿或粗糙的路面上滑行，当要跳下滑板时，要观看是否能撞着周围的人或其他物品。

6.如需换件，其换件应与原来部件为同一个规格型号。

第二节 登山、攀岩

一、登山运动

（一）项目概述

据历史记载，法国一位名叫德·索修尔的著名科学家为探索高山植物资源，渴望能有人帮他克服当时看来是不可逾越的险阻——登上阿尔卑斯山顶峰。他于1760年5月在阿尔卑斯山脚下的莎莫尼村贴出一则告示："凡能登上或提供登上勃朗峰之巅线路者，将以重金奖赏。"然后，告示贴出后长期未获响应。此后，他每年出榜一次。直到28年后的1786年6月，一位名叫巴卡罗的山村医生接下了告示，他经过两个多月的准备，并与当地山区水晶石采掘工人巴尔玛结伴，于8月6日首次登上了勃朗峰。1787年8月3日，由德·索修尔本人率领、巴尔玛做向导的一支20多人组成的登山队,再次登上了该峰,揭开了现代登山的序幕。后来,人们把登山运动称为"阿尔卑斯运动",把1786年作为登山运动的诞生年,德·索修尔、巴尔玛等人则成为世界登山运动的创始人,并得到了国际登山界的公认。

1786年登山运动诞生以后,特别是1850—1865年的15年间,阿尔卑斯山区的登山运动发展极为迅猛。世界上第一个国家性的登山组织——英国登山俱乐部,于1857年宣告成立。这一时期以阿尔卑斯山为中心的登山运动达到顶峰,出现了所谓"阿尔卑斯黄金时代"。从1950—1964年的14年间,是人类登山运动的一个重要发展阶段。1950年6月3日,法国运动员莫·埃尔佐和勒·拉施纳尔付出了血的代价(一人冻掉了双脚,一人冻掉了一只手),在人类的登山史上首次成功登上了海拔8091米的安娜普尔那峰。1953年5月9日,英国登山队的依·希拉里(新西兰人)和藤辛·诺尔盖(尼泊尔人,后入印度籍)从南坡登上珠穆朗玛峰(这是人类登山史上首次成功登上世界最高峰)。在这14年间,地球上海拔8000米以上的高峰,有13座先后被各国运动员所征服。

与此同时,新中国登山运动员也以崭新的面貌,生气勃勃地跨进了世界高山登山运动的行列。1964年5月2日,中国登山队许竞(队长)、王富洲等10名运动员首次成功地登上海拔8012米的世界第14高峰——西夏邦玛峰,创造了一次10名队员集体登上8000米以上高峰的世界纪录。世界登山史上将1950—1964年这段时间称为"喜马拉雅黄金时代",并被誉为世界登山史上的伟大奇迹。

(二)登山的装备

登山装备要适应登山活动的环境条件,在设计、选材、用料、制作上要尽量使其轻便、坚固、高效,并能一物多用。

1. 宿营装备

包括帐篷、炊具、寝具和各种燃料等。

2. 技术装备

包括登山绳、氧气装备、测量仪器、高度计、干湿度计、钢锥、登山铁锁、升降器、挂梯、滑车、学铲等。

3. 个人装备

包括登山服装、登山鞋、高山靴、头盔、电筒、手套、防护眼镜等。其特点是:轻便易携,坚固耐用,便于拆装,一物多用。

4. 其他装备

包括地图、指北针、头灯（含备用灯泡与电池）、备用粮食、备用衣物、防晒霜、瑞士刀、火种、打火机、急救箱。

（三）登山的基本技术

登山技术是指在登山活动中为克服地形上遇到的各种困难而采取的各种技术手段和科学操作方法。

1. 结绳技术

利用打结使绳索之间、绳索与其他装备之间相互连接的方法，称为结绳技术。它是登山运动员必须掌握的基本技术之一。绳索是登山中所使用的最重要的装备。结绳只有通过运动员身体与其他物体的相互连接和固定，才能起到辅助行进和保护安全的作用。绳结是否运用得当，直接影响绳索使用的质量和效果。

2. 保护技术

为了防止在登崇山峻岭过程中动作失误而引起意外险情而进行的各种操作，称为保护技术。

在攀登、下降、渡河、救护等技术操作中，为保护安全，需要各种技术同时配合。运动员长时间在岩石或冰寒峭壁、冰雪裂缝、冰坡或岩石滑坡等危险路段进行多次往返行动中，一旦失误，就有滑坠和摔落的危险。在出现上述情况中，应用保护技术可以使险情得以及时控制。即使在未出现险情的情况下，由于运动中有了保护，也会使运动员产生一种安全感。

3. 攀登技术

根据不同的地貌特点，可将攀登技术分为岩石作业和冰雪作业两种。岩石峭壁的攀登技术简称攀岩技术，攀登岩石峭壁的方法主要有徒手攀登、器械攀登和缘绳攀登三种方法。

4. 下降技术

三点固定下降法是岩石作业下降技术的基本方法，所用工具简单，便于开展。其方法是利用双手、双脚握或蹬牢3个支点，然后移动第4个支点。这种下降方法比三点固定攀登更加困难，因此一定要设上方固定保护。

二、攀岩运动

（一）项目概述

攀岩运动，在19世纪起源于欧洲，兴起于20世纪50年代末60年代初。攀岩技术是登山运动的基本功。攀岩运动作为登山运动派生出来的新兴项目，更加冒险、更具挑战性。

随着攀岩运动的不断发展，20 世纪 60 年代，东欧、苏联等国家把攀岩运动作为军队比赛项目来开展，使得竞技攀岩开始兴起，1974 年被正式列为国际竞技体育运动项目。20 世纪 70 至 80 年代，该项目在西方发达国家迅速开展和普及。

20 世纪 80 年代，攀岩运动传入我国。1987 年我国举办了首届全国攀岩比赛，至今这项赛事已成功地举办了十余届，吸引了全国众多攀岩爱好者参加，为我国更好地开展这一运动项目打下了坚实的基础。

攀岩运动按难度与速度来分类，可以为难度攀岩、速度攀岩和大圆石攀岩三类；按参加人数来分类，可分为男子单人攀岩、女子单人攀岩、双人结组攀岩以及集体（小队）攀岩四类。

（二）攀岩的装备

准备攀岩装备应是攀岩运动中的一部分，因为它直接关系到攀岩者的生命安全，所以攀岩者平时就应该注重攀岩装备的维护和保养，到攀登前更不可忽视攀岩装备的认真安装与细心检查。

个人装备：安全带、下降器、安全铁锁、绳套、安全头盔、攀岩鞋、镁粉和粉袋等。

安全带：攀岩用安全带与登山安全带有所不同，属于攀岩专用，并不适合登山，但登山用安全带可做攀岩时使用。

下降器："8"字环下降器是最普遍使用的下降器。

安全铁锁和绳套：攀登过程中，休息或进行其他操作时自我保护之用。

安全头盔：一块小小的石块落下来，砸在头上就可能造成极大的生命危险，因此头盔是攀岩的必备装备。

攀岩鞋：是一种摩擦力很大的专用鞋，穿起来可以节省很多体力。

镁粉和粉袋：手出汗时，抹一点儿粉袋中装着的镁粉，手立刻就不会滑了。

攀登装备：攀登装备指绳子、铁锁、绳套、岩石锥、岩石契，有时还要准备悬挂式帐篷。

绳子：攀岩一般使用直径为 9~11 毫米的主绳。

铁锁和绳套：连接保护点，下方保护攀登必备的器械。

岩石锥：固定于岩壁上的各种锥状、钉状、板状、金属材料制成的保护器械，可根据裂缝的不同而使用不同形状的岩石锥。

岩石锤：钉岩石锥时使用的工具。

岩石契：与岩石锥的作用相同，但可以随时防取的固定保护工具。

悬挂式帐篷：当准备在岩壁上过夜时使用的夜间休息帐篷，须通过固定点用绳子固定保护起来悬挂于岩壁。

其他装备：包括背包、睡具、炊具、炉具、小刀、打火机等用具，视活动类别、时间长短和个人需要携带。

（三）攀岩的基本技术

攀岩的基本技术是三点固定法，即在双手抓牢、双脚踏牢三个支点的情况下，才能移动第四支点，其要领对身体各部位的姿势和动作均有一定的要求。

1. 身体姿势

攀登岩石峭壁时身体要自然放松，以三个支点稳定身体重心，而重心要随攀登动作的转换移动，这是攀岩能否稳定、平衡、省力的关键。要想身体放松，就要根据岩壁陡缓程度使身体和岩壁保持一定距离，靠得太近，会影响观察攀岩路线和选择支点。但在攀登人工岩壁时要贴得很近。在自然岩壁攀登时，上、下肢要协调舒展，盘岩要有节奏，上拉、下蹬要同时用力，身体重心一定要落在脚上，保持面向岩壁、三点固定支撑、直立于岩壁上的攀登姿势。

2. 手臂的动作

手在攀登中是抓住支点、维持身体平很的关键，手臂力量的大小直接影响攀登的质量和效果。因此，一个优秀的攀岩运动员必须有足够的指力、腕力和臂力。对初学者来说，在不善于充分利用下肢力量的情况下，手臂的动作就显得更为重要。手臂如何用力，在人工岩壁攀登和自然岩壁攀登时情况不同，前者要求第一指关节用力扣紧支点的同时，手腕要紧张，手掌要贴在岩壁上，小臂也要随手掌紧贴岩壁而下垂，在引体时，手指（握点）有下压抬臂动作，其动作规律是中心活动轨迹变化不大、节奏更为明显。但攀岩自然岩壁时其动作就变化很大，要根据支点不同采用各种用力方法，如抓、握、挂、抠、扒、捏、拉、推压、撑等。

3. 脚的动作

一个优秀攀岩运动员的攀登技术发挥得好坏，关键是看他能否充分利用两腿的力量。只靠手臂力量攀登不可能持久。脚的动作要领是，两脚外旋，大脚趾内侧贴近岩面，两腿微屈，以脚踩支点维持身体重心，在自然岩壁支点大小不一和方向不同的情况下，要灵活运用。但要切记，膝部不要接触岩石面，否则会影响到脚的支撑和身体平衡，甚至会造成滑脱而使膝部受伤。另外，在用脚踩支点时，切忌用力过猛，并要掌握用力的方向。

4.手脚配合

凡优秀攀岩运动员，上、下肢力量是协调运用的。

第三节 街舞

一、街舞运动概述

（一）街舞运动的起源

"Hip-hop"一词来源于洛夫巴格·斯塔斯凯"To the hip, hop, hippedy hop"的歌词。从字面上来看，hip是髋部，hop是单脚跳，Hip-hop则是轻扭摆臀的意思，从中可以看出Hip-hop文化舞的本源与特色。Hip-hop是一种美国街头黑人文化，源自20世纪60年代美国纽约市的黑人社区南布朗克斯区，该区为黑人聚居区，当时是全纽约最贫穷落后的角落，生活的窘迫、对政府的不满加上与生俱来的音乐天赋，年轻一代黑人开始寻找沟通方法和自我认同的方式。他们在地铁车厢内外涂鸦，用特殊的字形和阴影来区分不同的种群，DJ用自己创造的音乐，主要是以口白为主的说唱乐（R & P），用便宜的手提式音响大声播放，目的是宣泄自我的情感，同时也在寻找别人的认同，从而形成自己的族群。比如露芳舞（breaking）者模仿机器人的动作来发泄他们长期被剥削、被压迫的情绪。这就是街舞文化产生的源泉。

街舞（Hip-hop Dance）作为Hip-hop文化的重要组成部分，以其强悍的节奏、痛快的翻腾、极具风格的着装，成为一种集音乐、舞蹈和娱乐为一体的新兴运动。这种舞蹈出现在街头，不拘于场地器材，所以称为街舞。它具有极强的参与性、表演性和竞技性。Hip-hop文化其中还包括音乐（DJ、说唱）、涂鸦和服饰，内容丰富多彩。

（二）美国街舞运动的发展

1.街舞的萌芽阶段

霹雳舞是旧流派的一种，也是街舞起源最早的舞种之一。它源于西非的古老传统舞蹈，当时的黑人青少年帮派学习西非舞蹈并结合街头杂技或体操中的难度和技巧动作创作而成。而街舞的流行是在街舞文化的推动下发展的。

2.街舞旧流派的流行阶段

1969年，纽约摇滚乐超级歌星詹姆士·布朗在他的佳作《佳足起舞》的音乐电视（MTV）中，霹雳舞的舞姿引起全美国的轰动，立即成为年轻一代最为时尚的运动。与此同时，美国著名音乐家艾夫里克·巴姆巴塔将布朗克斯的霹雳舞练习者组织起来，成立了全美国第一个霹雳舞团体——"祖鲁王"。这使街舞传播的名声和范围越来越广，使街舞运动受到广泛关注。另外，旧流派中的机械舞（Poping）、锁舞（Locking）、电流（Wave）也是起源于超级明星们的表演。其中的代表人物有迈克尔·杰克逊、哑剧艺术家罗伯特·希尔兹和洛伦·亚内尔。

3. 街舞新流派的兴起、普及阶段

1980 年初，新的街舞团体"洛克斯特迪"在旧流派的街舞的动作和套路中增加了许多新的技巧和难度，舞蹈有了创新和发展，街舞文化开始普及 1983 年末是街舞发展历史上的重要转折点。美国好莱坞的一部作品《闪电舞蹈》使街舞表演成为全美商业追逐的狂潮。1984 年 8 月 12 日，第 23 届洛杉矶奥林匹克运动会的闭幕式上，100 名街舞表演者为数以万计的现场观众和世界 25 亿电视观众展示了霹雳舞的风采。此后街舞的狂潮跨越了美国，席卷了北美、欧洲和亚洲。

近年来，在美国 Hip-hop 文化成功地结合了娱乐、商业、音乐甚至政治，形成了一种独立而有团体意识、坚固而难以取代的文化形式。在逐渐的发展中，街舞青少年形成了一种共同的思想理念和行为方式，他们以街舞来张扬自我个性，展示青春的活力和激情，表达勇于进取的生活态度。他们强调的是"做自己，享受生命，勇于挑战"的理念。

（三）我国街舞运动的发展

在 20 世纪 90 年代，Hip-hop 文化登陆亚洲，此时也正是街舞的成型之际。日本因有长期美军驻扎而首先接触街舞，并转而传入韩国。日本人创新了许多街舞的形式，特别是注重街舞的舞蹈性。而韩国人将街舞融入民族的特点，形成注重青春靓丽的歌舞组合、旋律优美节奏明快的音乐、简单整齐的舞蹈和绚丽夸张的造型。伴随"韩流"的入侵，街舞很快在中国大城市中十七八岁的年轻人之间流行起来。中国街舞者也开始把中国传统文化与街舞文化相结合，通过中华民族的传统音乐来演绎新潮的街舞，把中国京剧的脸谱艺术和中华武术的真功夫融入街舞的动作和造型中。2000 年后，全国每一个省都有街头文化的出现。2003 年 9 月 29 日至 11 月 19 日，在中央电视台、中国健美操协会等各界力量长达三年多的酝酿努力后，我国第一届"健力宝爆果汽杯"全国街舞电视大赛正式举行，并随后组织大赛的冠军队参加 2004 年的世界街舞大赛。

随着街舞运动在中国的普及和发展，在中国各大城市的健身房和街舞工作室中，街舞运动已成为最热门的健身项目。

二、街舞的基本技术

（一）街舞动作的技术特点

由于街舞运动比较自由、随意，国际上目前还没有形成统一的街舞动作技术规范，也没有权威的资料介绍。以下我们就简单介绍几种典型的街舞动作的技术特点。

1.Hip-hop

Hip-hop 是人们最常接触的一种舞蹈，它有着幅度大而简单的舞步，能够表现出复杂的舞感。跳 Hip-hop 这种舞时，肩部是最重要的感觉都分。肩部上下前后抖动，配合腿的上下弹性。此外还有手关节的柔软性以及脚尖前后左右弹跳。结合以上的内容按音乐节奏随意地摇摆全身，这样一来，Hip-hop 就有基础了。因为容易学习，跳起来也相当好看，所以很受健身者的喜爱。

2. 机械舞（Poping）

机械舞是让身体像机器人一般的运动。要求肌肉的震动大，震动方法正确，肢体各部分均可以动作。机械舞来源于模仿机器人的动作形态，然后又加上一些喜剧和卡通影片里的滑稽动作，具有相当的幽默效果。它利用肌肉的绷紧与放松，使身体震动与停顿，展现肢体魅力。其动作规格要求有突然停顿但不能太重，而是将力量释放出来的"划过骤停"的感觉，动作要配合音乐的节拍点"卡住"，卡拍时肌肉瞬间收紧，在不卡拍时相对把肌肉放松，在肌肉紧张和放松之间把握好的"度"，这对舞者基本功的要求特别高。一般的机械舞包括了肩膀、胸部、手臂、腿部等，有时电流舞（Waving）也被包含在机械舞的范围里。机械舞通常作为个人表演，较少排舞。机械舞不仅是肢体的律动，更要与观众沟通，情感的表达至关重要。

3. 霹雳舞（Breaking）

霹雳舞是一种难度较高的舞步，大体上可以分为两种类型：用手、头、身体在地上旋转，称为大地板；代表动作有头转、拖马斯、风车、1990、2000 等。用肢体在地上踩出复杂变化的脚步动作，加上刁钻的倒立，称为小地板，代表动作有霹雳摔、地蹦、鱼跃、后翻、排腿等。其动作特点是以旋转为主，翻身为辅，以手部为主要支撑点，肢体在空中的翻腾、旋转为特色的技巧性街舞。霹雳舞要求舞者具有较高的力量、柔韧性和协调性，属于技巧较高的体育舞蹈，所以最先为国内青少年所喜爱。

4. 浩室（House）

浩室要求动作轻盈，潇洒，与音乐结为一体。随着浩室音乐，运用复杂而神奇的步伐表现的一种舞步，它可以加上拉丁舞的扭腰、武术的空翻、踢踏舞的基本步以及芭蕾的转圈，跳起来既可以十分优雅，也可以相当狂野。浩室舞的特色在于运用了很多轻盈的舞步，每一拍都有脚步变化，其较少规定手部的动作，是一种较为另类的舞风。浩室是 New School 舞蹈的一部分。浩室更强调脚步，音乐控制舞者的身体，女孩跳起来极具美感。

5. 锁舞（Locking）

锁舞是街舞里面最难表现的一种。锁舞用的曲子一般节奏很快，而且动作很大。其动作特点要求强调手部的旋转与定位，配合整个肢体的律动以及极具爆发力的手臂转变动作，在短时间内的发力与对力量的控制，从而产生了身体运动之间的动与静的强大对比。正宗的锁舞跳出来应该就是一个动作到另一个动作的迅速转换。舞者压拍准确，能把音乐中的层次用舞蹈剥离开来。

6. NEW JAZZ（女生专属）

这是一种由 JAZZ 爵士发展而来的舞，专由女生跳的，很讲究柔美和瞬间爆发，以手臂的动作为主，腰的扭动和臀部的动作为辅。对身材要求很高，在欧美和韩国非常流行。配乐是节奏化过后的爵士乐。

（二）街舞动作的学习步骤

街舞动作花样繁多，难易程度不一。学习过程中，最关键的是在理解基本动作的基础上掌握科学训练动作技术的方法，然后学习适合自己特点的舞种，并学会设计和表现自己特点的街舞动作。这样，不但可以激发高昂的学习兴趣，也可以培养自身具有个性的创造性和思维能力。为更好地掌握街舞训练方法，我们将学习过程分为街舞入门训练和不同舞种基础动作训练。

1. 街舞入门训练

（1）乐感练习

乐感练习首先是了解街舞音乐的特点，然后学习如何数拍，最后就是通过不断的听觉刺激来培养对音乐的敏感度。

（2）身体 UP-DOWN 练习

不同舞种的 UP-DOWN 动作不同，但街舞入门必须学会最基本的两种UP-DOWN 动作。

（3）简单动作组合

在基本 UP-DOWN 动作的基础上进行变化及添加动作，这样的动作组合能够锻炼协调性和身体各关节的灵活性。

2.舞种分类训练

舞种分类训练是一种根据个体自身差异进行的选择训练。不同人的身体素质和技能水平存在一定差异，根据个体差异选择或设计适合个体特点的练习舞种、练习内容和练习方式，进行自我选择、自我练习、自我创造，找到适合自己的舞种和动作，并在练习中发挥自己的个性和创造力，在原有的基础上进一步发展，充分发挥潜能。在基础训练基础上，掌握街舞的基础技能后，我们可以通过各种方法和渠道了解街舞不同舞种的各有特点，比如视频观赏、比赛观摩等方法。这样就可以发挥自身的优势，达到更好的练习效果。比如：身体素质较好的学生喜欢霹雳舞，性格开朗的女生喜欢爵士，身体柔软性好的学生喜欢机械舞，身体偏硬但动作反应较快的就喜欢锁舞等。

（三）街舞音乐、服装的选择

街舞的音乐：多为 Hip-hop 曲风，因为街舞起源于黑人社区，而他们最热衷的音乐就是 Hip-hop。而且 Hip-hop 曲风本来就非常有节奏韵律，适合跳舞。此外，还有女生专属的音乐曲风 Jazz、雷鬼等。街舞的音乐韵律感很强，曲风多样，可根据街舞类型自主选择合适的音乐。

Hip-hop 装束：宽大的印有夸张 LOGO 的 T 恤，同样宽大拖沓的板裤、牛仔裤或者是侧开拉链的运动裤、篮球鞋或工人靴、钓鱼帽或者是棒球帽、民族花样的头巾、头发烫染成麦穗色或编成辫子，戴粗粗的银质项链、手环等。在学校街舞教学中，不主张夸张、邋遢的装束，以舒适、简单的运动服为最佳。

三、街舞的训练技巧

（一）发展专项素质

柔韧素质主要包括腰椎、胸椎、颈椎、髋关节及膝关节等肌肉力量，在很大程度上影响动作的速度以及身体姿势。首先，动作的训练中，要根据各个部位的不同特性重视不同的局部力量感觉的训练，可针对不同部位的动作特点编排不同形式的组合，此类组合，既练习柔韧性，又能训练部位的动作美感，通过反复训练，使各部位动作形成一种习惯定势；其次，耐力的训练也是不可忽视的，当然体能训练应与舞蹈动作的表现力有机地结合起来，反复练习增加运动负荷，提高有氧代谢能力和运动技能，才能使动作做到淋漓尽致的发挥，不至于耐力不足，造成舞蹈的虎头蛇尾现象。

（二）强化正确技术

街舞的动作比较个性化，有其自身的审美规范。训练要讲究动作的质量，防止片面追求高难、新奇的动作，只有循序渐进按部就班地进行学习，才能符合街舞动作的规律特点。在教学中，每一个技术动作，除了讲解它的技术结构外，还应剖析其动作表现，从不同的角度去寻找最佳的动作感觉，并不断给学生提出改善目标和高质量的规格要求，改善目标一方面从整段舞蹈动作的主要方面提出要求。

（三）提高综合艺术修养

街舞是融音乐、舞蹈、造型、表演等多项艺术为一体的综合性运动技能，而且又是一种外来文化。教师必须引导学生学习相关艺术内容及表现形式，了解此种舞蹈的文化底蕴；针对学生动作协调性差及表演不到位等弊病，可结合舞蹈集训及其他当代舞、现代舞、民族民间舞等多种舞种交叉训练的方法，以增加动作的美感及艺术表现力，培养其对不同舞种不同表现力的综合理解力。

（四）加强表演技巧的训练

在街舞动作教学中，应不断地对学生进行美学教育，这对强化学生的学习兴趣有着重要作用。从简单的基本站立和任何一个细小动作，都应鼓励和帮助学生找到最佳感觉，确立正确的表现意识，使学生每完成一个动作都能感受到美的感觉，给自己带来学习的信心。如果学生对动作具有审美能力，在练习时，就能自觉地观察与思考，仔细琢磨动作的要领和韵味，并进行自我欣赏，从而改进技术。

第四节　跑酷

一、跑酷概述

跑酷是一项不借助任何工具和外力，通过各种自由的动作穿越任何障碍物或到达指定目的地的极限运动。跑酷起源于法国，它融中国功夫、街舞、体操、音乐等于一体，深受人们的喜爱，是一项极具观赏性的时尚运动。最初由越战中的法国士兵们发起，2002 年在英国开始盛行，后来大卫·贝利（David Belle）把它发扬光大。

跑酷即"Parkour"，直译为"到处跑"，是"超越障碍训练场"的意思，跑酷的中文名称除了跑酷外，还有"位移术""城市疾走"等。它把整个城市当作一个大训练场，任何围墙、屋顶都是可以攀爬、穿越的对象，特别是废弃的房屋，更适合飞檐走壁似的跳升：飞跃和速降。"跑酷"一词来自法文的"le Parcours"。

二、跑酷基本技巧

（一）跑酷技术介绍

1.跑酷运动的基本素质

（1）身体协调性

身体协调性很重要，也讲天赋。如果天生协调性好，那玩起跑酷起步是非常快的，但如果天生就不好，那就有点"麻烦"了，一定得花大工夫好好练练身体协调性。

（2）力量

力量是不可或缺的东西，可以说，力量跟不上的话，永远只能停留在某个台阶而不能进步。肩部、臂部、背部、腹部，还有下肢的力量，要全面练习。

（3）弹跳

弹跳不是一定必需的素质，但对跑酷有很大帮助。

（4）勇气

其实最重要的是勇气！每个人都有恐惧心理，但事实往往是越紧张，身子越放不开，越容易受伤。除了自己战胜心魔之外，还要到类似室内训练馆的地方练习，因为这种地方备有垫子，在练前空翻、后空翻、墙壁翻转时，不容易受伤。找到自信后，就可以出去实战了。

2.跑酷的基本动作

（1）走栏杆（Balance）：平衡练习，练习身体的协调性，在高处或者狭隘的地方不至于站不稳。

（2）猫爬（Cat Balance）：比走栏杆更保险的单线穿越法，姿势很重要，身体应该尽量与栏杆平行，控制平衡点在两手握住栏杆。

（3）基本落地（Landing）：从低往高练，前脚掌着地，尽量声音小。

（4）立定跳远（Precision 2 footed take off）：跳得越远可以过的障碍越多，别让距离成为一道阻碍。

（5）侧手反抓栏杆（Dismount）：在高处过栏杆准备下跳前的保险式。

（6）倒立（Hand Stand）：锻炼手臂力量和腰部力量以及协调性。

（7）精确跳远（Running Precision）：慢慢从大目标练到小目标，不可操之过急，不然很危险，同时是基本落地的升华式，要求脚部有良好的定力。

（8）反弹墙（Tic tac to precision）：锻炼单腿的着力再弹力的方法。

（9）蹬壁跳远（Tic tac）：跑墙的第一式，一只脚接触墙面发力。

（10）钻栏杆（Underbar）：要求有很好的准确性，不管是头或者脚先过，如果半路动作变形都会导致腰或者面杠到。

（11）蹬壁上墙（Wall run）：又称徒手上墙，踩墙和猫扑的结合式。

（12）夹墙（Crane）：夹墙对高不高低不低物体一种快速攀爬方式，一步跨上另一条腿在下方起杠杆作用起支撑身体保持平衡作用。

（13）单脚跳远（Precision one foot take off）：跑起来后许多动作都是一脚发力做跳跃或者攀爬，锻炼单脚发力。

（14）二级翻越（Wall hop）：蹬壁上墙和撑身体的快速结合式。

（15）鱼跃滚翻（Swan dive）：多用在高处跳下或者前翻口缓冲对腿部压力过大，用来泄力的一个招式。

（16）懒人跳（Lazy vault）：最简单的过栏杆方法。

（17）单手跨栏（Speed vault）：单手跨栏的好处就是过栏杆后没有多余动作直接快速接着跑。

（18）猩猩跳（Kingkong vault）：最基本过面型障碍法。

（19）"股墩"跳（Dash vault）：腿部先过障碍，然后再由手在身后支撑身体，目前分为两种动作，双手支撑身体后把腿抬高再落地，这样视觉上很不错；还有一种就是过障碍后再用双手前拨障碍，腿与地面成弓性由双手发出的力再落地远一点儿。

（20）单脚上墙（Moonstep）：目前最难也是最危险的动作，对新人应该不做考核，因为练不好可能导致小腿骨卡在物体棱上。

（21）猫扑（Catleap）：上墙或者上物体的前式，把自己固定在障碍物下好接下一动作。

（22）猫反扑（180%cat）：弹墙加转身加猫扑的结合式，不过根据距离情况，一般用得比较少。

（23）侧手反抓墙（Turn vault）：与侧手反抓栏杆不同，栏杆可以用手握住，比较牢，这个只是一个面，用手掌面或者中间起老茧的地方在面上转摩擦固定身体保持平衡。

（24）助跑猫扑（Running cat）：长距离单脚起跳猫扑，需注意的是要用前脚掌先与墙面保持距离以免腿膝盖先着力撞上墙面。

（25）栏杆转（Palmspin）：技能，手法很重要，两手应该从不同的面握栏杆。

（26）蹬墙猫扑（Tic tac to cat）：蹬墙和猫扑的结合式。

（27）单杆飞抓（Lache）：经常玩单杠的应该比较容易掌握，靠的是甩出去的力带动身体。

（28）双猩猩跳（Double kong）：猩猩跳的升华版，腾空后腿应尽量放高。

（29）大飞侧滚翻（Rolling）：泄力技能。

（30）远猩猩跳（Kong precision）：起跳点不能离障碍太近，否则没有冲劲。

（31）转墙（wall spin）：下手处起固定作用，上手起拨动作。

（二）如何练习跑酷

参加跑酷运动不仅需要良好的体能，超越常人的力量，而且还要有很强的灵活能力、优秀的跳跃能力，更需要更快的速度和坚强的意志。作为新手，我们应做好基础训练，这样才能在跑酷的世界中继续攀升。下面介绍一些基础训练的方法。

1. 力量训练及增强柔韧度

此训练计划着重于（身体）核心力量及腿部力量的训练，同时增强如髋部和腿部后侧等部位的关键肌肉的灵活度和柔韧度。这套训练方法可与任何当下正在接受的速度训练（如间歇跑和速率跑等训练）配合使用并发挥很好的作用，促进提高跑步成绩。

2. 注意身体承受力

如果刚开始接受速度训练，建议在确保每周跑30公里或30公里以上的训练强度下，持续至少两个月之后再开始实施此训练计划。为避免训练过度，在每次的训练与训练之间要保证有充足的时间休息和恢复身体。如果在训练过程中或做跑步训练时感到身体不适，那说明训练过度了，有体力透支了。

3. 核心力量训练

（1）仰卧起坐

有助于锻炼上腹部和下腹部的肌肉。

平躺，双脚平放，双膝并拢，屈膝，双手置于脑后。在起身坐仰卧起坐的同时，（依靠腹部力量）抬高双膝，尽最大限度用头碰双膝，再慢慢放下。如身体条件允许，可尝试双脚完全离开地面。25个为一组，最初练习时可完成一或两组，每组间可休息几分钟。最终达到一组100个仰卧起坐。

（2）俯卧两头起

有助于上背部和下背部的锻炼。

伏卧在地面上，双腿并拢，双手置于脑后。上半身和小腿同时上抬，坚持至少 2 秒再恢复。持续练习，直到能坚持 20 秒为止。

（3）仰卧侧起

有助于腰腹两侧的肌肉的锻炼。

做这个练习时最好有一个助手来帮助固定住髋部，双腿和脚。首先身体呈右侧卧，双腿并拢，双膝微屈，髋部着地。双手置于脑后，依靠腰侧力量尽最大能力抬起身体，然后恢复原位。20 个为一组，左右两侧各一组。

（4）仰卧直立举腿

有助于腹部特别是下腹部的锻炼。

平躺，双腿放平。手掌向下，置于臀部下方以做支撑。双腿同时缓缓上举至 45 度，再慢慢放下，脚跟不要接触地面，重复 30 次。

4. 灵活度训练

（1）站立前踢腿

有助于锻炼臀大肌，髋部和大腿后侧，以及两侧的外展肌群和内收肌群。

第一步，左手扶住墙或树等固定物。保持站立，踢右腿，越高越好。右腿回落时，顺势后踢臀部。以较快的速度连续做前踢后踢，重复 20 次。然后换左腿。第二步，左腿支撑，右腿做侧踢，再放下，重复 20 次，然后换左腿。

（2）仰卧剪刀式踢腿

有助于锻炼臀肌，髋部和大腿后侧，以及两侧的外展肌群和内收肌群。

平躺，举起双腿。借助手臂力量，托起上半身，保持直立，以头部、肩膀和上臂支撑身体，双手托住腰部。右腿保持上举，垂直于地面，同时放下左腿，尽量接触地面。接着换腿，快速地抬起左腿并放下右腿。重复此动作 90 秒。每 15 秒将动作改为双腿在空中做交叉动作，双腿交替置于另一腿上方。

（3）髋部绕环

有助于增强髋部及大腿的灵活度及柔韧度。

站立，双腿分开与肩同宽或略宽于肩，双手扶髋。髋部有节律的做画圈运动，直到髋部、臀部、大腿后侧、内外侧的肌肉都感到拉伸为止。一个方向转 15 次。

5. 柔韧性练习

（1）鹰式仰卧牵拉

有助于提高两侧肌肉，腰部臀部，大腿后肌和股四头肌的柔韧性。

首先脸贴着垫子躺在上面，两腿并在一起，两只胳膊平举与肩同高，掌心向下，这样使身体形成一个"T"的形状。把左脚向右伸尽可能地接近右手，让左侧的臀部提起对它进行拉伸。回到中间用左腿踢向右侧。连续 10 次，做两组。转过身重复刚才的动作，用右腿尽可能地接近左手。然后用左脚接近右手。连续十次，做两组。

（2）站立拉伸股四头肌

这个动作有助于放松股四头肌。

首先从站立的姿势开始，把重心集中在左腿，用右手抓着右脚背向后弯曲，慢慢地把脚拉向屁股，直到大腿的前侧有拉伸的感觉。保持右膝盖与地面垂直，使左膝盖微微弯曲。如果需要支撑可以把住一把椅子或一面墙。坚持15秒，之后还原，换另外一侧，重复刚才动作。

（3）站立拉伸腓肠肌

这个动作有助于放松腓肠肌。

从站立的姿势开始，左腿向前跨一大步，左膝弯曲，右腿蹬直，保持膝盖向下用力（如果需要可以调整站位，直到右腿的腓肠肌有拉伸的感觉）。保持两脚尖朝前，坚持15秒。然后换另外一侧，动作相同。每条腿重复两到3次。

（4）坐姿拉伸腹股沟

这个动作有助于拉伸腰部外侧，大腿外侧，背的上下侧和颈部。

坐姿，脚心相对，两手握住脚踝。用前臂向下压膝盖，以增强对腹股沟的拉伸。坚持15秒，休息15~20秒。重复三次。

6. 速度性训练

（1）单腿全蹲起

这个动作有助于锻炼腿部力量，以及四头肌的柔韧性。

首先正常站立，用右手搬右脚，使右脚处于它所能达到的最高点。然后慢慢地弯曲左腿，直到弯曲到所能弯曲的最低点，然后，再站起来。这样每条腿重复做10次，共3组。

（2）小腿提踵练习

这个动作有助于加固和拉伸小腿。

首先，双脚站在台阶边缘，保持脚跟悬空，（也可以举一些东西来帮助增加平衡性）。保持脚跟与台阶水平状态，然后尽量向上提踵，用速度控制提升和下落的速度。重复做3次。

（3）踝关节跳

有助于增强踝关节周围小肌肉群，提高脚步频率

站立在能让身体完全放松，快速和轻便跳跃的空间。让踝关节在移动的时候，充分运动起来，如每次跳起，脚趾先着地，再过渡到脚后跟，尽量用踝关节来推动身体。然后，回动移动。保持快速跳起，慢慢着地。

（4）纵跳

这个动作有助于腿部力量。

开始于一个蹲的姿势，然后迅速上摆胳膊的同时尽量向上跳。着地后膝盖保持班蹲，然后再快速向上跳。这样重复做 10 次。

（5）半屈腿蛙跳

这个动作有助于增加步幅长度，增加股四头肌和腿部力量。

首先保持站立姿势，手臂弯曲上下摆动时，腿用力向前移动，尽最大的力，跳得越高越远，也就越好。着地时屈膝准备继续跳。这样重复 10 次，分两组作。

（6）台阶跳

这个动作有助于腿部力量，脚的速度。

站在一个箱子前，或者类似于楼梯的一个台阶，一个长椅，一个稳定的平台，双脚同时向上跳到平台的边缘，然后双脚再同时跳下。这样快读的重复做 3 组，每组 10 次。

（7）侧向交叉跑

这个动作有助于髋关节的柔韧性，增大髋关节的移动范围。

向一侧快速移动，两脚交叉向同一方向快速移动 100 步。确保后面的脚在移动时是所能做到的最快速度。反方向重复做相同的距离，快速地移动。这样算完成一趟。

第三章 学校体育文化教育

第一节 学校体育管理

体育课是实现学校体育目标的基本形式，是对学生进行有目的、有组织的教育过程，是学校体育文化的基本组成部分。体育课采用普修课、选项课、选修课相结合的体育课形式，开展了集现代体育项目与民族传统体育项目于一体的体育教学形式。体育课在培养学生终身体育意识和锻炼习惯这一目的主线上，应提倡传统体育项目的开发和本地区民族体育的挖掘与教学，增加体育项目的趣味性、文化独特性。

体育是教育的重要手段，是学校课程体系中的重要组成部分。学校体育对培养学生的体育意识、体育能力、终生体育习惯、健康意识有举足轻重的作用，尤其是在现代社会，随着科学技术的迅猛发展，社会劳动生产方式、社会生活方式都发生了巨大变化，严重地影响着人们的健康状况，体育已经成为全球关注的社会性问题，人们也越发地感到体育的重要性。体育是健康生活方式的基石，是促进健康的载体，是提高人的生命和生活质量的重要基础与保证，体育学习对人的发展具有多方面的价值。学校体育是每一个受教育者接受体育教育时间最长，形成正确体育观的一个导向台，是达成体育目标的载体。

学校体育的价值在于，学生通过体育学习真正学会生存、获取健康，塑造良好、文明的生活方式，树立现代社会必需的协作和竞争意识，形成勇敢顽强、拼搏进取等优良品质，培养创新精神和实践能力；体育课在素质教育中发挥应有的作用，让学生真正感受到体育课的乐趣、益处，从而为培养其体育意识、体育能力、终身体育习惯打下基础；体育为健康服务，在健康的主线上体现学习效益，学生在培养身体基本活动能力的基础上，最终能较熟练地掌握一两项运动技能，了解科学锻炼身体的基本知识与方法，为培养具有全面素质的社会人才服务。

学校体育作为全面提高素质教育的重要手段，为年轻一代奠定了全面良好的素质基础，其主要社会功能就是把青少年培养成合格的社会公民。学校体育在素质教育中所起的作用是其他学科不能替代的。它为进一步培养有理想、有道德、有文化、有纪律的"四有"人才，发挥着特有的、不可缺少的重要作用；它是依据学生身心发展的特点，以适当的身体练习和卫生保健知识教育为手段，以体育、健康课和课外体育活动的形式对学生进行系统的健身、健美、健心教育及体育卫生文化教育，促进学生身心全面发展，促进学生个体社会化。

学校体育与健康课程在素质教育中具有独特功能，学校的体育教育具有社会需要和个人需要相结合的价值趋向。学校体育与健康课程的教育作用，首先是通过对接受体育与健康教育活动的学生个体产生作用来实现的。同时，社会对发展学生身体的要求和学生个体对强健体魄、健美的内在需求；社会对奠定学生终身体育基础的要求和学生个体对锻炼身体、学会生存、获取健康、塑造良好文明生活方式的需求；社会对传递体育运动文化的需要和学生个体学习体育运动文化的需求等，都可以通过学校体育来实现。因此，只有对学校体育进行全面研究，才能对学校体育与健康教育课功能整合产生积极作用。学校体育价值的实现必须使适应素质教育的学校体育围绕"以人为本"的核心来展开，并积极探索学校体育的组织、管理运行机制，体育课实施办法，学校体育资源配置措施，竞赛与校园体育文化，师资与学科建设，真正完成学校体育的价值回归。

一、学校体育的组织、管理运行机制

学校体育组织、管理体系是一个由多人构成的教育管理主体系统。它包括各学段体育教学目标、任务、内容制订的决策系统，体育课教学的监控系统，学校体育评价系统。

（一）各学段体育教学目标、任务、内容制订的决策系统

各学段体育教学目标、任务、内容制订的决策系统是整个体育教学方向的关键。它由负有决策责任的主要领导人员组成，其主要责任就是根据学生不同阶段的要求和社会文化发展的实际需要制订出适合学生生长发育和生理需要的体育教学计划，并把握教育教学方向，从发展的大局出发做出最终的决策方案。各级教育行政部门和学校领导在体育课程教学目标、任务、内容的制订方面起着决定性的作用。决策者必须遵循教学过程的规律和教学对象的生理发展规律等诸多方面的规律。合乎天性的体育教学是决策系统制订教

学目标、任务、内容时应加以关注的。对于体育教学的改革而言，作为决策系统的教育思想的转变是教学改革成败的关键。

（二）体育课教学的监控系统

体育课教学的监控系统主要是根据决策系统所制订的各级各项目标、任务、内容对教育执行者的工作进行监督。体育课教学的监控系统主要由学校教务处、体育部门领导组成。监控系统的成员在监督教学活动中必须认识到体育课与其他学科在教学形式上的区别，对体育课的质量评价不能局限于课堂教学秩序的好坏、教学内容的学术性和严肃程度、教学过程的技术含量等方面。体育课教学的监控系统应该深入了解体育课的特点，并给予教师自主把握教学的空间。体育课的教学方式应该是灵活多样的，它的成败在于是否能够满足学生全面发展的需求，是否能够满足学生个性发展的需求，是否能够满足学生年龄段的生理生长发育需求，是否能够培养学生的创造精神和实践能力等方面。体育教学的监控人员应该和教师进行积极的沟通，了解教学过程中的实际情况，并及时向决策系统汇报，使决策系统快速制订出科学的、完整的、可行的教学方案。体育课教学的监控系统不能使体育教师成为教学活动中的被动角色，只听命于决策者，而失去创造性地进行课程教学的权利。教师是教学改革的实践者，体育课教学的监控系统应充分给予教师理解和认识教学目标、任务、内容的空间，使教师能根据实际情况规划自己的教学蓝图。

（三）学校体育评价系统

学校体育教学的最终结果反映在对体育课的评价上，它不仅标志着体育教学目的的完成情况，还直接反映教师整个教学过程的价值取向。学校体育评价标准的理想与实施的现实存在着矛盾，过去的学校体育评价标准，在促进学生身体健康、心理健康，发展学生社会适应能力目标方面难以全面体现，其用竞技运动的测量标准去掩盖"健康"的体育概念，打击了学生学习体育知识的积极性。目前学校体育评价与学校体育教学改革形成了一对矛盾体。教师在面对教学大奖赛、职称评比、学校声誉、社会认同、个人晋级以及经济收入等实际问题时，确实无法直接进行教学改革。另外，体育课教学的监控系统中一些评课人员的评课标准仍然停留在形式上的常规性评价中，这使体育教师不得不只注重课堂教学秩序和过于表现自我，而忽视学生主体，以此来赢得评课人员对教师个人魅力的赞赏。教学成果的评价更像一把严格的标尺，通过评定竞技成绩来评定教学的优劣，这就形成了体育教学改革与评价体系的矛盾，以及参与教学改革的实践者与改革之外具有评价权力的评价者之间的矛盾。

学校体育的评价标准问题和由谁来评价的问题成为体育教学改革顺利执行的关键。"健康第一""以人为本"的教学思想促使教学过程和教学内容中形成形式多样、丰富多彩、适合个性发展需求的教育模式。然而，这给体育教学评价造成了很大的压力，甚至使体育教学评价走入误区，这是因为考核的知识和形式比改革之前还要多。要不要考、考什么、拿什么考是体育评价改革面对"三维健康"模式应该研究解决的问题。

体育与健康课程提出的教学要求，明显缺乏明确的考核参照标准，使教学评价难以实现。诊断性和常规性评价虽然比较全面地体现了客观性、整体性、指导性、科学性等显性评价原则，但"三维健康"模式要求的心理品质、社会交往能力、能力培养等方面的隐性标准没有得到体现。体育能力评价的根本目的是促进学生身心健康的发展，而不是简单地进行优劣高低的区分。体育能力评价的标准是决定体育教学目标落实的主要因素。体育能力评价标准方案的设计、参照系的选取、信息的采集、评价对象科学合理的分类等都体现了其价值取向。

二、体育课的实施办法

体育教学实践是有别于其他形式的教育教学实践。长期以来，我国基础教育课程受到"学科中心论"的强烈影响，体育教学也不例外，教学活动基本上就是以教师为中心、以书本为中心、以课堂为中心，严重忽视了学生的主体发展。现在提倡的素质教育理念就是要把以学科为中心转变为以学生主体发展为中心，这也是阳光教育理念对现在教育思路影响的体现。这是一个根本性的变革，是和国际上的"人本主义"教育理念相一致的。它也给体育教育注入了新的生机和活力。学校应根据学生的兴趣特点，组织多种多样的体育项目，激发学生运动的热情，提高学生体育活动的能力和锻炼效果。为此，高校体育课既设置了满足学生身心发展的体育基础课，又开展了满足学生兴趣的选项课以及提高运动技能的选修课。循序渐进的课程安排和多样化的选择，满足了学生体育锻炼的实际需求。

另外，课堂教学活动要注重技术与健身的合理关系。面对正在生长发育的学生，不能过于讲求体育教学过程中理论知识和动作技术的含量。体育课的根本目的是通过身体活动来强身健体，而绝不是通过体育课的教学来培养竞技人才。"吃得苦中苦，方为人上人"不再是束缚我们的教育思想，把快乐还给课堂，使课堂轻松和愉快成为我们新的教学思想。体育课的教学形式绝非类同于军事化的训练，教师应在遵循学生身心发展规律的前提下大力开发多样化的教学内容，给予学生发挥自我创造性和张扬个性的空间。决策系统在把握体育教学内容、目标、任务方向的同时，应该充分给予教师自主选取教材的空间。传统的教材配给制不仅严重地束缚了新兴的教学理论和教育思想的运用，还使陈旧的教学内容和教学方式变得一体化，制约了教师自我创新和知识水平的提高。

总之，学校体育的发展必须从培养学生的健康、素质、个性、终身体育习惯四个方面入手，积极引导学生自主学习、自我评价，最终达到发展学生身心、适应社会需求的根本教学目的。

三、竞赛与校园体育文化

校园体育文化是指在校园这一特定的环境中以体育活动为主体，按照一定的体育行为规范，在参加校园体育教学、体育活动过程中所创造的物质财富和精神财富的总和。它是以校园为空间，以师生共同参与为主体，以运动为手段，以各种竞赛为主要内容的具有独特表现形式的一种群体文化。它不仅包括体育设施、体育活动、体育竞赛、体育表演等物质财富，也包括体育精神、体育价值、体育道德、体育风尚等内在的精神财富。它和校园德育、智育、美育等一起构成校园文化。竞技运动文化、群众体育文化对校园文化的建设具有引导作用，并共同构建着校园体育文化形式。

体育作为一种文化存在，既可以满足人的生理健康需求，又可以满足人的精神需求；既是一种健身娱乐的方式，又是一种社会文化的继承和发展。高校是建设、创造、传播人类文明的示范区，是人类文明的集散地，是培养人才和创新知识的基地，它始终引领先进文化的前进方向，处于教育文化的最前沿，具备先进的传播媒介和手段，对各种社会现象比较敏感。校园体育文化已经成为时代的体育晴雨表，有着一定的先导性，能迅速汇集、传播各种体育信息，及时反映体育动态和体育科技发展水平。学校因有了体育文化这种先导优势，就能根据教育改革发展的大趋势，确定体育教育发展规模，设计校园体育设施的管理方式，制订体育教学任务计划，充分发挥社会服务功能等。

大学生作为校园体育文化的主体，在紧张的学习之余所向往的是既能调剂校园生活，又能获得强身健体知识和运动才能的活动项目，校园体育文化恰如其分地满足了这一要求。而运动竞赛正是引导鼓励学生从事体育活动的有效手段。

四、师资与学科建设

体育教师不断学习、进步，掌握新型教育理论、知识，有助于其体育教学理念的不断更新、教学方法的不断优化。体育教师培训者应由体育教育专家、学者组成。其任务就是运用专家学者的智慧、学识来充实教育工作者的教学工作。体育师资的组建和培养是决策系统为了不断提高体育教师队伍素质而采取的措施。体育师资的组建和培养，有助于教师运用科学、合理的教学过程，有效把握教学活动的客观性、价值性、严密性、正常性、可理解可接受性、可信性、自觉性等。体育教师业务水平的不断提高成为教学改革顺利完成的保证。体育师资的组建和培养对体育课教学质量的保证发挥着重要的作用。体育教师的培训工作应定期开展，只有不断更新知识，才能满足信息时代下学生的发展需求。

体育师资队伍建设是教学的保证，体育学科建设就是师资队伍建设的载体。体育学科建设是学校体育工作的重点，是学校体育发展的主线，学科建设的状况从根本上反映和体现了学校的办学水平、办学特色、学术地位和核心竞争力。学科建设首先要确立学科发展的战略、策略和方向。学科建设必须与学校的发展战略目标相一致，并为实现这一目标服务。这种指向性集中体现在学科的结构定位、水平定位和地位定位方面，这就要求学校在体育学科建设中必须树立"基地意识""一流意识"和"特色意识"，只有这样才能体现优化结构、突出重点、汇聚团队、构筑基地的建设思想。

体育学科建设要从学校的实际出发，全面分析现有资源结构、特色、水平、优势和劣势，根据教育规律和学科发展规律，使多学科交叉融合，相互依托，优势互补，支撑发展，形成人文素质与能力相结合的素质教育，形成良好的学科建设环境。另外，体育学科建设要求目标明确，重点突出，措施切实可行。要根据实际情况，确定具体建设目标，找出自己的特色，围绕特色学科，加大投入，加强建设，力争创办精品工程，引导教学发展。

体育部门学科建设归根结底都是为了提高学科的学术水平、学术实力和一流人才的培养能力。因此，体育学科建设与师资队伍培养是体育部门发展中相辅相成的共同体，也是体育工作实际成效的保证和体现。

五、高校资源互补发展学校体育工作

高校是培养人才的基地，高校内部具有多样化发展的基础。体育学科是一门交错性、渗透性较强的综合学科，它的发展需要运用其他学科最新的研究成果，需要借助其他学科的资源，根据学科发展的目标，优化结构，突出重点，形成特色。因此，学校应以课题和研究基地的建设作为载体，整合其他学科的力量，形成多学科合作攻关的研究氛围，从而推动学校体育工作的开展。另外，体育的社会化是体育学科发展的趋势，学校体育建设离不开对外交流，高校之间的高水平竞技，社会体育培训基地的建设，体质健康监测实验室的建设，都是学校体育有所作为之处。高水平运动队的联姻和省队校办的训练基地、企队校训的培训基地等一系列培训、训练基地的建设，都将为体育学科建设和发展提供有利的外源支持。

学校体育工作的顺利开展离不开内因和外因的相互联系、相互作用。通过部门之间、校际之间、学校与社会之间频繁、广泛的体育交流与接触，学校能增进与社会的沟通，开阔体育工作的视野，积极吸取社会活动中的有益成分，推进学校体育工作的开展。

第二节 培养学生终身体育能力

目前，国内很多高校结合本校实际实施了体育自主选课制，在满足学生个性发展，促使教师积极开展教学研究，并努力提高教师自身业务素质等方面进行了有益的探索，课程内容以促进学生身心健康为目的，基本能完全满足学生的选课意愿。体育课也成为塑造良好文明生活方式，树立现代社会必需的协作和竞争意识以及形成勇敢顽强、拼搏进取等优良品质的一门重要课程。体育选项课切实提高了体育课的效益，积极发挥它的功能，可使学生真正感受到体育课的乐趣、作用，从而为培养学生的体育意识、体育能力、终身体育习惯打下基础，让体育为健康服务。体育教学应建立在以人为本的学生观上，以学生需求为本，针对差异进行教学，切切实实让每一位学生在不同方面受益，获取能力，在健康的主线上体现学习公平性，在发展身体基本活动能力的基础上，最终较熟练地掌握一两项运动技能，掌握终身科学锻炼身体的基本知识与方法。

当前，为学生构建一个自主、体验、合作、交流的学习环境已成全社会的共识，培养学生的自主学习能力，要以现代学习理论和素质教育思想为指导。美国建构主义心理学家布鲁纳极力提倡："学生应主动地学习，亲自地探索""主动地发现，而不是被动地接受知识"。著名瑞士建构主义心理学家皮亚杰主张："一切真理要由学生自己获得，或由他重新发现，至少由他重建，而不是简单地传递给他。"素质教育强调培养学生发现和处理信息、获取新知识与技能的能力；重视培养学生分析解决问题、语言表达与团结协作的能力，以及终身学习与自我发展的能力等。

学校体育在素质教育中所起的作用是其他学科不能替代的。它是依据学生身心发展的特点，以适当的身体练习和卫生保健知识教育为手段，以体育、健康课和课外体育活动的形式对学生进行系统的健身、健美、健心教育及体育卫生文化教育，促进学生身心全面发展，促进学生个体社会化。

教育部积极倡导自主选课，即"学生自主选择上课内容、自主选择任课教师、自主选择上课时间的自由度"，选课制的实施必将促使传统的高校体育课程教学与管理出现一系列的变革。如何根据各学校自身的特点、现有的体育资源与学生的需求，有效地实施自主选课，并在教学中为学生营造自主、合作、交往的学习氛围，是目前体育教学改革亟须探讨的课题。

一、体育自主选课制管理体系

学校体育作为学校教育的重要组成部分，为了实现"身体健康、心理健康、社会适应"三维健康模式的学校体育目标，从竞技韵味十足的观念中解脱出来。学校体育能力评定体系也从量化模式进一步转向以人为本的阳光体育模式。三维健康概念的提出为学校体育模式注入了新的诠释，然而学校体育的主体建设方向仍然体现在体育实践基础教学上，终身体育教学结构建设落后于当今的教学改革，不能满足学生对终身体育健身知识的需求，校园体育教学形式的建设方向单一。

本书基于大学体育自主选课教学平台，利用现代教学理念，探讨适合大学生终身体育需求的体育教学模式和校园体育文化结构，使大学终身体育学习在规范教学模式的基础上，可以通过校园网数字互动的平台，明确、清晰、简明地了解大学期间所需选择的体育专项文化知识。并且平台的建设，便于对体育专项知识的指导，以及相关体育专项运动方法的介绍、运动疾病的防治、体育欣赏、运动心理调节和体育史料查找等。

（一）体育自主选课的教学结构

体育课的教学结构一般是指组成一节课的几个部分，以及各个部分的教学内容和组织工作的安排顺序与时间分配等。遵循学生身心变化规律和体育教学过程的基本规律是体育课教学结构的重点，规划体育课的组成部分、目标、教学内容、教学组织方式、教学时间分配是体育课教学结构的主要内容。体育课教学结构将教学活动分为准备部分、基本部分、结束部分3个基本部分，并在不同时间段针对教学对象，设计不同的活动内容、安排不同的运动负荷。

（二）校园体育文化的结构模块

本书通过对大学体育的知识结构分析，将校园体育文化体系归纳为知识学习能力、健身能力、终身体育能力、体育欣赏能力4个方面，以此实现对学生终身体育知识的普及。

1. 知识学习能力模块

（1）体育理论学习

体育理论包括世界体育历史的发展、各体育项目的特色、体育与传统文化的关联与融合、大众参与体育文化的方式、体育与健身的特点等终身体育知识学习模块。

（2）人体机能测定

利用台阶试验、身高、体重、握力、肺活量、坐位体前屈、立定跳远等综合测试，按照《国民体质测定标准》进行自我评定有氧代谢能力和无氧代谢能力水平，使学生学会科学化地监测体育健身标准。

2. 健身能力模块

（1）人体形态学

将机能系统解剖结构与生理形态结构通过3D等虚拟技术的形式植入校园网数据库，直观体现出人体机能形态，便于分析掌握体育运动对人体结构的影响关系。另外，结合人体各项体格指标的测定等，充分掌握人体内外结构的特征。

（2）运动生化

将机体血乳酸、血糖、血尿的检测与评定数据划分等级，实现不同运动强度与常规安静状态下的人体化学成分变化状态数据分析。

3. 终身体育能力模块

（1）运动技术动作

通过计算机数据处理技术，对各项运动技术动作进行解析、三维测力分析等，指导科学体育活动的开展。

（2）运动医疗保障

研究各项运动损伤的处理与急救方法，研制运动保健方法与科学健身处方，科学配制与实施运动营养，保障科学开展终身体育锻炼。

4. 体育欣赏能力模块

（1）体育美学

介绍体育运动中健身与健美的特点、体育美的特征、竞技体育美的表现形式等，完善对体育美的认识。

（2）竞技体育欣赏

欣赏高水平运动队的竞技体育，对体育规则进行介绍，成为看得懂、会分析的校园体育比赛的参与者。

（三）大学体育选课互动媒体平台

1.建立体育信息数据库

基于校园互联网系统，采用 Microsoft SQL Server 2019 数据库系统作为设计后台，利用 ODBC 数据源连接 Web 应用程序。设计数据库结构时，严格遵守数据的一致性、完整性、共享性、安全可靠性、可扩展性、灵活性和减少存储冗余度等要求。本系统的数据表主要包括学生用户信息统计表、健身知识数据表、体育知识信息表、体质信息教参数据表、体育技能信息图文数据表、教辅资料音像数据表和它们之间的关联表、权限配置表等。

2.互动选课平台功能的实现

互动选课平台主要包括 3 个功能模块：后台管理子系统、选课检索互动子系统、个性化体质监测服务子系统。

（1）后台管理子系统

后台管理子系统包括用户管理子模块、IP 访问控制管理模块、数据资源传输管理模块三部分，分别实现了对整个系统的用户信息、数据资源信息的管理、更新和维护功能，以及对用户使用范围的限制功能。

（2）选课检索互动子系统

用户通过虚拟技术平台，将涵盖各种体育专项选块、人体机能、人体形态学、运动生化、运动技术动作、运动医疗保障、体育美学、竞技体育欣赏等多种内容和形式的体育专项分类，分别实现了对体育知识多方面需求的自主互动选择，成为大学生自主选择体育知识的重要途径。

（3）个性化体质监测服务子系统

构建个性化体质监测服务子系统主要是建设人体机能互动监测平台，其功能有：台阶试验、身高、体重、握力、肺活量、坐位体前屈、立定跳远等有氧代谢能力和无氧代谢能力及力量、柔韧性等素质评定；机能系统解剖结构与生理形态结构观察分析、人体各项体格指标的测定等；机体血乳酸、血糖、血尿的检测与评定，人体成分、酶的功能分析；各项运动技术动作的三维数字解析和测力分析等；运动损伤的处理与急救、运动保健方法与科学健身处方的研制、运动营养的科学配制与实施手段。

高校将符合学生实际需求的选课形式作为体育教学结构的基础，这是我国学校体育改革发展的重要表现，是发展学校体育的趋势，也是学校体育以人为本的发展理念的充分体现。高校自主选课教学模式建设，实际上使传统的体育教学从单一模式向多元和全面的知识获取模式转变，是对新的大学体育知识教学模式的探索。

在体育教学领域，终身体育能力培养是教学活动中一项重要的教育指标。学生的体育能力水平不仅影响其学业成绩，还将对其终身体育能力产生深远影响。终身体育能力的培养需要合理的引导，教学模式改革就是要建立在对其能力具有引导意义的指标体系框架内，使其有据可依。

通过了解各高校大学生体育选项课的现状、存在的矛盾与问题、可能有效的解决途径等，探讨其中的内在联系，初步建立适宜、可行和有效的培养终身能力的高校体育自主选课体系。规范教学模式，形成内外环境条件的配合，最终达到学生内在学习动机和外在学习策略对其终身体育能力培养的双重保证，进而完成学生独立思考能力和自我评价能力的目标，为学生提供未来独立学习、适应社会等方面所需的技巧和能力。

二、培养学生终身体育能力的保障机制

学校是学生接受正规系统体育、健康教育时间最长，形成正确体育、健康观最佳的时期和场所。完善的体育学习对提高大学生的体育创新精神和实践能力具有重要作用。学校应切实提高体育课的效益，发挥体育根本价值功能，让学生真正感受到体育课的乐趣、作用，从而为培养学生的体育意识、体育能力、终身体育习惯打下基础，让体育为健康服务。

（1）完善选课机制，保证科学选课质量。聘请专家指导或加大专业教师的培训；加大对大学生体育能力和素质培养的力度；将专业特长与社会实践紧密结合，在每学期的专业课程中设置指导班级或体育团队，要求完成至少一项社会实践，即体育科学指导活动。

（2）设立课程专项基金，适时地开发与社会需求紧密结合的体育学习项目。适时投入经费，对陈旧落后的设备进行更新，适量添置开放课程所必需的仪器设备，满足学生和教师的教学、实验要求。

（3）建立选课档案。选课者完成学习后，可进行社会实践活动，教师应根据学生参与活动的数量、难度，给予相应学分，并鼓励学生主动参与社会体育活动。

（4）优化体育知识结构和学校体育资源配置，提高体育学习效率。合理地整合学校资源，优化课程结构，对大学生体育学习进行统筹化管理，催生多功能、全方位的体育科技服务。

（5）建立大学体育知识计算机网络管理系统。利用校园网对体育活动和

体育健身科学知识进行拓展，将现代化的管理手段融入数字化的管理中，全面完善现代化的体育互动学习平台功能。

（6）在加强传统教学内容的基础上，根据社会发展的实际需要，结合当代大学生体育观念的变化特点，创造新的运动形式和锻炼方式，提高学生的健身意识。同时积极引导大学生克服消极情绪，参加各类体育活动，使自身身体素质和运动能力得到全面的发展。

（7）尽快建立并完善大学生体育活动监测网络和科学健身指导体系，为进一步规范大学生体育活动提供更具实效的科学管理。

三、开展自主互动学习实践

高校体育选修课的开展对于大学生体育技能的学习起到了积极的推动作用。然而，高校体育课的开展仍然存在着较多的现实问题，诸如陈旧的教学模式，机械地将教与学的过程分裂，违背了以学生为主体的教学模式的主旨，导致教师的"教"与学生的"学"脱钩，成为教学过程中的独立环节。大学体育教学是有别于其他教学形式的特殊教学，学生自主学习能力的强弱直接决定教学效果的好坏。积极探索学生自主互动学习法，对于学生避免因教学刻板、技术动作掌握慢、练习密度小、缺乏自主理解空间、相互交流机会欠缺等导致的兴趣低迷，被动、消极对待学习具有重要的意义。

以高校体育选项课——网球教学为例，学生自主互动学习的试验研究，将以扩大学生自主练习空间和时间、增加练习密度、加强交流、扩大教师实际参与范围等为目的，激发学生学习的主观能动性、创造性、积极性，从而提高学生课堂兴趣，加强学生对体育的理解力，达到以学生为主体的自主教与学互动，提高教学质量。学生自主互动学习方法的设计以体育教学规律为基础，以培养学生自主学习能力为目的，力图创新教学方法和手段，为体育教学课构建新的、更有效的教学模式。

（一）学生自主互动学习设计

根据学生练习空间和时间的实际情况，以增加练习密度、提高练习效率、加强交流、扩大教师实际参与范围等为目的，根据不同学生的实际情况开办自主互动学习试验班和采取传统网球技能教学模式的对照班，展开相关数据的对比试验。

（二）自主互动学习在教学过程中的运用

网球教学中学生自主互动学习要求学生首先熟悉教师所授技术的内容，并能够准确表达出来，然后结合技术动作自行指导，最终达到以口述指导实际动作技术的目的。该方法不仅可以运用于自身技术的指导，还可以在实际组合练习的过程中，发挥相互指导的作用。学生自主互动学习法充分利用语言与技术动作的结合，促进学生自身以及学生与学生之间主动协同地进行自导、互导、自查、互查、自评、互评，充分发挥学生学习过程中的自主性，从而提高网球教学效果。

（三）试验结果

通过一个学期的教学对比试验，本书从教学常规评价出发，对课堂练习密度、技术动作掌握程度、课堂学生相互交流情况、课堂学生情绪状况等方面做了分析对比。

第三节 体育认知能力评价体系

目前，高校体育大部分的教学资源都放在体育技能实践课上，对理论知识的教学一直处于比较缺乏的状态，在体育教学内部也一直是重技能，轻理论。从知识认知的过程来看，理论知识的学习应该是技能学习的前提，对技能学习发挥着指导作用，直接影响运动技术的教学效果，并能有效地引导教学开展。明确的体育理论学习标准，使教学表达明确、清晰、简明、富有感染力。因此，体育认知学习标准应注重教育的基础性、全面性，具体体现在体育认识能力、体育欣赏能力、运动心理能力、科学运动能力等方面。本书就是在明确了大学体育结构的前提下，构建理论学习与运动技能学习相结合的二元结构，构建相关评价体系，并最终确立了高校学生体育认知能力评价的标准。

（一）大学生体育认知能力评价指标体系建设

本书运用二元结构分析法，在全面分析了高校大学生体育认知能力评价体系现状的基础上，以高校本科生为研究对象，对高校大学生体育认知能力评价体系的考核方法、考核内容、理论知识学习能力、体育欣赏能力、健身能力以及终身体育能力等进行全面而系统的研究，力求使高校大学生体育认知能力评价体系系统化、规范化、科学化，并形成完整的理论体系和实践操作模式，为高校大学生体育认知能力评价体系建设提供科学的理论指导，推动高校体育教学体系再上新台阶。

（二）二元结构评价体系中的定期监测模式设计

大学体质健康监测实验室是集人体机能指标评定、人体形态学分析、运动生化分析、运动技术动作分析、运动医学分析、运动保健分析、运动营养分析于一体的多功能综合性实验室。该实验室的建立为在校大学生各项体质健康指标提供科学的检测及评定，并为其制订科学合理的运动处方，同时为大学竞技运动队的科学化训练提供必要的科学指导。

（三）二元结构评价体系中的理论学习能力评价指标制定

对于非量化的评价指标，如体育理论课程学习时长等，无法通过单个学员的学习行为数据衡量学习效果。因此，要求学生首先通过 Web 登录校园网的体育理论学习系统进行学习，这样就能得到所有学生读取数据库的行为数据；然后将单个学员的学习记录数据与班级其他学员学习活动评价指标的平均值进行对比，确定被测量者的个人学习能力值与班级平均值之间的关系；最后根据分析得到的数据绘制个人能力评价示意图，并给出相应的学习成绩。

第四节 学校体育组织及活动

一、独具特色的学校运动会

学校运动会是推动学校体育活动广泛开展，促进学生运动技术水平提高的有力手段，也是学校体育文化的重要组成部分，还是学校宣传体育文化的途径之一。一年一度的大型学校运动会在展现各体育项目特色的基础上，应该体现出科技与创新的文化理念，将传统的学校运动会由单一的运动竞赛转变为融健身、娱乐、竞技、科技创新文化活动为一体的多元性综合体育文化盛会。

二、引导多元体育文化开展的单项体方协会

学校单项体育协会是培养学生体育兴趣，丰富学生业余生活，活跃校园气氛的重要途径。学校体育协会，一般分为竞技类，如球类协会、武术协会等；休闲娱乐类，如棋牌协会、舞蹈协会、钓鱼协会等；极限运动类，如登山协会、攀岩协会、轮滑协会等。我国高校单项体育协会始于 20 世纪 70 年代，兴于 20 世纪 90 年代中期，下设田径分会、篮球分会、排球分会、足球分会、乒乓球分会、健艺体分会、武术分会、棋类分会、网球分会、橄榄球分会、击剑分会、国防体育分会、游泳分会、羽毛球分会、手球分会、冰雪体育分会、定向越野分会、射击分会、攀岩分会、桥牌分会、自行车分会、棒垒球分会、舞龙舞狮分会、赛艇龙舟分会等 24 个分会。比较有特色和知名

度的大学体育协会有南京理工大学的舞龙队、北京大学的山鹰社等。

学校单项体育协会不仅要每年组织单项体育赛事，推动学校体育文化建设，还应该建立校际间的大学体育单项协会联盟，为学校体育的开展凝聚更多更强的力量。

三、弘扬学校文化的体育文化节

学校应该每年开展一次体育文化节活动，如集传统体育文化表演、现代体育文化展示、体育科技创新、趣味娱乐、竞赛于一体的体育文化活动周。学校体育文化节的开展不仅有利于展示各单项体育协会的特色活动，还为广大学生提供了感受运动快乐的机会，使学校体育文化融入每一个学生的生活中。如拔河、多人绑腿跑、踢毽子、长绳接龙等项目，参加人数多、场面热烈，运动员们参与积极，竞争激烈，各班的啦啦队文明、奔放、热烈，充满激情与活力，不仅为学生提供展示个人才华和发展个性的机会，还增强了学生的集体责任感、荣誉感。此外，体育文化节除了体育表演、体育比赛、宣传教育等内容外，还可以开展诸如体育专题讲座、体育演讲比赛、体育知识竞赛、图片资料展览等活动。

四、学校体育文化的标志宣传

常态化的学校体育文化教育宣传应该包括学校体育文化知识网站的建设和学校体育文化宣传板报、口号、标语、吉祥物、旗帜等宣传媒介的应用。在为学生介绍体育知识、体育赛事、体育培训、体育消费指南、体育欣赏、体育明星及国际和国内体育动态、生理和心理健康知识等方面体育内容的同时，学校应积极开发能够彰显学校体育文化价值的具体代表物。

五、学校体育文化品牌

品牌学认为，品牌的概念不仅是对某特定事物的抽象化概括，它还具有浓厚的精神文化特征，它是具体的、物质的、动态的。品牌具有精神和物质双重属性，它是精神文化与物质载体的融合产物。建设具有鲜明特色、高品质的学校体育文化品牌，应该采取以下3个方面的措施。

（1）建设适合大众参与和观赏性极强的传统体育项目，如清华大学、北京大学的龙舟队，南京理工大学的舞龙队等。以传统体育文化为代表的中国体育文化经历了数千年的传承与洗礼，形成了"文化自觉"的传统模式，民族传统体育文化项目的开发与创新，能够为建立特色的高校体育文化奠定基础。

（2）建设代表学校体育竞技水平的高水平运动队，如武汉理工大学的篮球队、武术队。其以高水平运动队为载体的学校文化交流活动、国际文化交流活动，对学校体育文化建设起到了巨大的推动作用，已经形成了该校体育文化的品牌效应。

（3）宣传推广具有代表性的体育人物、特色体育理念等。大力推广学校体育文化的突出代表人物，创建学校体育特色优势文化，引领体育学科发展。积极拓展体育竞技品牌项目，推广代表优势体育文化的标志物，构筑现代奥林匹克精神和中国传统体育文化相结合的体育理念，对学生体育观、人生观的形成影响深远，并对体育教育潜移默化地发挥着引导作用。

学校体育文化建设实际上是在挖掘学校体育文化因素的基础上，构建具有特色的学校体育文化体系，使其具有明显的可传承特征，进而形成标志性的学校素质教育符号。其目的就是提升学校体育的价值，提高学生体育文化的素质，营造学校的文化氛围，构建学校的和谐环境，凝聚学生的力量，为学校体育实现终身体育目标奠定基础。创新和发展学校体育文化建设同时是现代化大学对外交流的窗口。

第五节 体育文化兴趣培养

学校体育教育的根本目的不仅是传授体育知识，还包括培养学生的终身体育能力。而终身体育能力的培养，关键在于对学生体育兴趣的培养。因此，在体育教学中，要注重学生情绪、情感的激发，注重教学情绪对教学的影响，并通过科学的管理手段和严密的组织措施来逐步提高学生对体育的兴趣，体验体育的价值。

高校体育教学有助于引导学生养成良好的体育习惯，激发学生对体育运动的兴趣、爱好，并养成良好的体育习惯，从而树立终身体育观，使体育成为其生活中一个不可缺少的组成部分。本书通过分析我国体育文化背景，积极探索现代体育教学与传统文化相结合的逻辑结构，力图找到适合我国大学体育教学培养学生体育兴趣的途径，使大学体育真正成为终身体育的连接点。

一、传统文化在现代大学体育学习中的应用

（一）体育文化与学校体育

回顾过去的 100 多年，学校体育的发展在东西方日渐成为社会发展与文明演进的标志和动力。从古希腊、古罗马学校体育教育到现代学校的阳光体

育，体育文化的发展和传承始终贯穿于学校体育发展的中轴线。学校体育教育中的足球、篮球、网球、太极拳、武术、体操、健身、健美等体育项目吸引着最普遍的爱好者。可以说学校体育是传统体育文化和现代体育文化发展的基础。

（二）我国学校体育中的传统体育文化

中国古代，孔子提出"六艺"中的"射""御"成为学校教育的重要部分。传统体育项目中导引、气功、武术、太极拳等动静结合，修身养性的体育文化在我国学校教学中源远流传。目前，我国学校体育与西方体育运动相结合，实现了体育文化的空前推广和普及，在我国每年有一亿多学生达到国家体育锻炼标准，有三亿多人经常参加各种传统体育活动。学校体育为我国体育的重要组成部分，传统体育教学已经成为体育教学的重要组成部分，也是学生体育兴趣的重要表现形式。

二、建立具有传统文化底蕴的大学生体育兴趣培养模式

（一）体育欣赏能力是培养大学生体育兴趣的基础

一方面，体育运动能有效地增强体质，健全人体各种生理功能，把人体自身塑造得更加矫健、强壮；另一方面，随着体育的发展及其内容的不断丰富，人们对体育赋予了越来越多的文化内涵、精神阵地和艺术色彩，体育潜移默化地感染、熏陶着人们，体育竞赛观赏也成为向青少年实施审美教育的特殊途径和有效手段。因此，高校的体育教育除了注重锻炼学生的体质及体育技能外，还要注重培养学生对体育艺术的欣赏能力和审美情趣。

培养大学生的欣赏能力，首先要了解体育竞赛观赏的原则，体育运动中存在大量的美，且由来已久，我们要在体育竞赛观赏过程中加深理解，就必须首先弄清体育运动中的真、善、美及其相互关系，把握其联系和区别，这样美的形象才会鲜明地展现在我们眼前。其次要让大学生掌握正确的体育竞赛观赏方法。由于体育运动中包含的因素异常丰富，为便于人们观赏多样的体育运动、加深对各竞技项目特点的理解，就有必要对整个运动形态加以分类，以助于揭示体育运动中美的一般规律，最大限度地发挥各项目对人体健美的效益，提高人们的观赏效果和审美情趣。国外学者分析了运动美的要素，主要包括实践性（灵敏性、速度、节奏）、空间性（幅度、高度、重量）、坚韧性（强度、激烈、顽强）、精致性（巧妙、准确、均衡）、愉悦性（华丽、热爱、惊险）、优雅性（柔和、流利、高尚）。让学生真正懂得正确欣赏体育竞赛的方法，从而激发学生对体育的兴趣。

另外，体育运动的一个巨大的魅力就是人类通过体育运动实现了超越自我的梦想。长跑运动员在最后冲刺时常常感到身体疲劳、肌肉酸痛、呼吸困难，需要一直努力克服困难；射击运动员在举枪瞄准和足球守门员扑点球时要靠意志努力提高注意力。有时运动员在场上受了伤仍坚持比赛到最后，即使他们没有获得名次，他们坚强的意志也成了体育运动宝贵的财富。因此，要积极增进大学生对体育精神的理解，只有这样，他们才能真正感受到体育运动的灵魂，从而提高对体育的兴趣，甚至让不屈不挠、顽强拼搏的体育精神对他们终身产生重要的影响。

（二）拓展体育教学方式，促进主动参与积极性

当今高校的体育教学不是一个封闭式的教育，体育运动是一个全社会都应该积极参与的活动，体育教学应面向全体学生，坚持让其在校期间接受体育教育，同时积极开展群体性体育活动，不断提高竞技性项目的水平。近年来体育运动发展迅速，高校体育教育应和体育运动的发展紧密结合起来，多开展一些能激起广大学生兴趣的体育活动，让他们都愿意投入其中。在娱乐中将体育运动的理念和一些体育知识在无形中灌输给他们，相信这更易于让学生所接受。比如，在上足球课时，老师单纯地向学生讲解足球技战术方面的知识显得很空洞，可以组织学生去观赏一场近期的球赛录像，然后针对球赛具体加以分析。在平时，老师也可以通过其他的方式，比如参与到学生自己举办的活动如健身比赛、街头篮球对抗赛等，利用课外活动提高广大学生的体育兴趣。

（三）正确认识学校体育，实现终身体育目标

在利用当前的体育氛围提高学生体育兴趣的同时，也要注意当前体育运动中的一些不和谐的因素，如兴奋剂、黑哨等，要让学生正确地认识这些事情，明确这仅仅是寄生于竞技体育又腐蚀着竞技体育的负面文化，并不属于体育文化的范畴，不能因为它们的存在和恶劣影响就全盘否定了体育文化。要让学生认识到体育文化实质上是美好的、崇高的、纯洁的，体育文化要想健康地发展，就需要我们努力去克服这些缺点，树立正确的体育观。

目前，我国正处全民健身计划的第三个关键期。学校体育作为大众体育的重要组成部分，积极探索适合我国民族传统的体育教学是学校体育改革的方向。另外，北京奥运会的成功举办，使各项体育运动的规模和影响在我国达到空前繁荣。大力开展传统体育教学正是掀起全民体育运动浪潮的重要途径。利用这一良好的体育氛围，积极培养学校学生实现终身体育，将是我国传统体育文化再现辉煌的必经之路。

第四章 大学校园体育文化

第一节 大学校园体育文化的结构及内容

一、大学校园体育文化的结构

许多学者将校园体育文化划分为"体育物质文化、体育制度文化、体育行为文化和体育精神文化"。根据文化的结构，由表及里的进行分析。首先是"物质文化层"是指人们通过加工创造对自然的改造；其次是"制度文化层"是指人们在社会实践中形成各种规范；再次是"行为文化层"是指人们约定成俗的习惯；最后是"精神文化层"是指人们在长期的实践以及意识活动中各种价值观念等因素，其中"精神文化层"是文化最核心的部分。在大学校园体育文化结构中，校园体育精神文化蕴含着文化主体的认知成分、情感成分、价值成分、理想成分，其中的体育观念、体育精神又是大学校园体育文化活动中最活跃的因素，决定着大学校园体育文化的行为表现效果，决定着大学校园体育文化传统的形成和文化走向，体现着文化主体的主观愿望和文化品位。因此，大学校园体育文化精神的培养、塑造和传承将是大学校园体育文化建设的核心和难点。

二、大学校园体育文化的内容

体育文化的物质、精神、制度和行为文化层虽各有重点，但在特定的系统中则融为一个有机的整体。体育文化的各层次之间既有联系但更多的是区别，而各层次见有依存、渗透、制约、推动的作用，由内到外逐步深入构成一个有机的整体。

（一）大学校园体育精神文化的内容

校园体育精神文化形态是校园体育文化的灵魂所在。校园体育精神文化形态主要反映在体育的价值观念、体育的态度、道德风尚、知识等方面，涉及学生的理想追求、观念转变、道德修养、人格塑造、行为自律、纪律约束等各个方面。它一经形成，就成为校园的向心力和凝聚力，具有明确的指向性，影响和规范每个学生的思想和行动，决定他们的价值取向和思想品质的形成，并成为激励学生奋发向上的精神力量。它是师生员工在从事体育活动时从其所特有的生活方式中体现出来的思维活动和共同的心理状态，是师生员工在长期教学、学术、训练、健身、工作、生活等方面实践中逐步形成和发展起来的，并为师生自觉认同的群体意识。我们可以从校际间、院系间、班组间的比赛就可以明白一切。它以体育思想观念体系和价值体系表现出来，是一种氛围，一种软环境。

因此，强化和弘扬良好的体育精神文化是校园体育文化建设的核心和宗旨。

（二）大学校园体育制度文化的内容

校园体育制度文化是指在体育教学、娱乐、竞赛等活动中要求学生共同遵守的规程、行动准则等文化体系，它是在体育教学实践中形成和发展起来，并通过条文固定下来的。它具有高度的科学性、权威性、概括性和规范性等基本特征。它是衡量教学质量、运动水平的主要标志。它能引导学生在约定的规则下进行体育比赛和竞争较量，有利于培养学生遵章守纪的行为习惯，加强道德培养。

大学校园体育制度文化具体包括以下内容：一是大学校园体育组织机构。校园体育组织机构是管理、组织、运行校园体育文化活动的学校行政单位，它是监督、执行学校相关体育规章制度的机构，具有教育、管理职能。二是大学体育制度法规文件，包括体育教学、课余体育活动、运动训练与竞赛、体育科研、体育社团、体育交流、体育师资等全方位制度、方法的确立。它既有国家层面的政策性文件，又有学校层面的体育规章制度。三是大学校园体育传统。体育传统是学校在体育方面逐渐形成并带有普遍性、重复出现、相对稳定的蕴含学校文化精神、独具特色的体育文化形态，它具有教育、导向、规范和激励的作用。各个学校的类型、规模、办学条件、师生结构、地理环境等的差异决定了体育传统的创新和个性特征。四是大学校园体育风俗习惯。这种风俗习惯在大学校园中是一种隐形的规则，这种规则并不是由管理者制定的，也没有强制的约束力，而是由体育文化受众自己建立的，用来协调互相之间的关系和利益。大学体育风俗习惯具有学校特点和群体特色，它是某一群体的某种体育行为的约定俗成的经验或规则。

校园内体育文化受众的行为被大学体育制度比较严格的规范着，有利于校园整体体育行为的稳定。因此，大学体育制度犹如一个模具，它引导和规范着大学体育主体的体育行为，对大学校园体育文化的真正形成起着决定性的作用。

（三）大学校园体育行为文化的内容

校园体育行为文化形态是校园体育文化的活动表现，主要体现为校园人的体育习惯、体风气、体育传统、体育方式、体育活动质量和体育流向，以及校园体育在学校各项活动中的地位等。学生在行为文化下建立良好的师生关系和同学关系，相互尊重人格，团结友爱，积极向上，不歧视，不训斥，培养一个良好的体育集体，创造一个良好的人际氛围。

首先，大学体育是大学生的必修课程，是大学生校园体育的最重要内容之一。大学生在大学本科期间必修 4 个学期的体育课，体育课程内容、上课时间在各个大学有所不同。当前大部分大学的体育必修课程安排在大学一二年级，部分大学采取学分制管理办法，在大学四年任选 4 学期体育课程。在规定选课时间内，大部分大学实行"三自主"体育选课模式，即学生可以在规定资源内任选上课内容、上课时间和任课教师。除了体育必修课外，各大学均为大学生安排了健身性、娱乐休闲性更强的体育选修课，选修课教学内容、考核方法等与体育必修课均有较大区别。

其次，校内外体育竞赛、课余运动训练、学校大型体育文化活动为广大师生提供了表现自己、展现个性、表演运动技能的舞台。它具体包括校内学生篮球、足球、排球联赛，乒乓球、羽毛球、健美操等锦标赛，全校学生、教职工运动会，体育文化节，体育社团体育竞赛，学校之间的体育友谊赛等。

再次，大学体育社团建设情况能够反映出大学校园体育行为文化水平。体育社团文化建设的好坏直接影响到教师、员工，尤其是学生体育综合素质的培养和提高。体育社团文化建设的多样性与丰富性能极大地调动引导师生员工体育运动的积极性。丰富多彩的体育社团活动，种类齐全的体育社团类别，浓厚的体育社团文化氛围，都在直接与间接地影响着校园每个个体的体育思想意识、体育行为举止、体育运动中的交际与沟通能力、组织管理与协调能力、团结与合作能力等。各个大学体育社团的管理规范性、多样性差异较大，体育社团数量一般在 10—35 个之间。

最后，大学校园体育行为文化还包括大学生的个体健身活动。大学生个体健身活动具有自发性、自觉性，它能够有效地培养大学生的体育健身意识，有利于大学生体育健身习惯的养成。但是由于缺乏组织、管理和指导，如果引导不当，大学生不良的体育行为文化会导致大学生体育行为的异化。例如运动场上的突发事件、比赛场上的暴力冲突、体育课堂中学生之间的敌视等不文明行为。触发这些行为的原因不一，学习压力、感情的变故、报复心理、竞争压力等都会成为行为异化的原因。这些行为具有一定的突发性，很多在发生前没有任何的先兆。当前体育行为文化建设的重点之一就是去竭力预防和制止这类行为的发生。

（四）大学校园体育物质文化的内容

大学校园体育的物质文化层面包含校园里的体育建筑、雕塑、场地、器材等，是校园体育意识文化的载体，也是学生进行体育锻炼不可缺少的物质基础和校园体育文化建设的前提条件。如果没有相应的文化设施，在一定程度上讲，校园体育文化建设就将成为"巧妇难为无米之炊"。因此，必须加强校园体育物质文化建设。

大学校园体育物质文化包括以下几个方面：一是大学校园体育标志。通常指大学体育标志性建筑物、大学体育吉祥物、标准色、大学体育运动服饰、大学体育图标。有着悠久文化的大学校园通常都有承载学校历史与使命，体现大学文化精神的体育标志，并希望以此激励学校的持续发展。二是校园体育环境，包括自然环境、体育建筑风格、体育建筑布局、体育建筑雕塑等。校园体育环境的建设渗透着学校的人文气质和体育传统。北京大学第二体育馆和奥运体育馆的设计建设均与北京大学整体建筑风格相吻合，体现了北京大学的文化精神；东南大学的四牌楼校区体育馆的建筑风格和发展历史印证了东南大学的校园体育发展史。三是校园体育场馆和器材设备，这是大学校园体育文化发展的基础和保障。大学校园体育活动的开展包括体育教学、群众体育与校内体育竞赛、运动训练与竞赛、大型体育文化活动等均离不开学校基础体育物质设施的支持。这些物质设施包括体育馆、体育场、体育器材、体育比赛器械等。校园体育运动项目很多，每一个运动项目均有各自所需的体育场地和体育器材，学校在校园体育物质设施的建设、购买、维护、更新方面的投入占到大学体育经费的最大比例。

第二节 大学校园体育文化的特征

一、校园性特征

校园体育文化是一种亚文化，它区别于其他文化的最主要表现是校园的特殊性。具有校园性才是校园体育文化特殊性的核心所在，它对于社会文化和其他校园文化是相对独立的，不同的校园会产生不同的体育文化。另外，它又是多元性的，可以分为校园体育物质文化、精神文化以及校园体育行为构成的制度文化等。校园体育文化又是弥散性的，它可以通过体育运动形成，使它所包括的内容广泛地播撒到校园的每一个角落、每一个人当中，形成一种特有的校园体育文化现象。

二、教育性特征

校园体育文化是在校园这一特定环境中的体育文化现象，始终与该环境中的生活成员发生密切联系，参与校园体育文化活动的人是受教育的主体，相对而言，校园体育文化作为客体存在，它随时都发挥着显性或隐性的作用。这是校园体育文化的本质所在，也是学校体育之所以成为教育组成部分的根本原因。

三、实践性特征

校园体育文化是校园和体育文化的结合，它应当表现体育的本质特征即实践性特征。此外，学生时期是人生"好动"的阶段，亲身体验的欲望强烈。在校园体育活动中，学生有目的、有组织的为自己创造条件，开展各种喜闻乐见的体育活动，在实践中体验体育的乐趣、价值，培养良好的体育道德和精神。同时，校园体育文化活动又具有一定的社会性，使学生在体育活动中增长社会知识和交往能力，这种实践性为学生的理论与实践之间建立起一座桥梁，使理论和实践有机地结合，达到全面发展的目的。

四、创造性特征

创造是校园体育文化的灵魂，没有创造便没有校园体育文化的生长和发展。高校是知识分子相对集中的地方，传播媒介比较完备，文化层次普通较高，他们对社会体育文化的发展和走向表现出明显的注意，并创造出许多形式多样、内容丰富的校园体育文化活动内容。师生在创造多姿多彩的校园体育文化活动中，不仅丰富了校园体育文化内涵，提高了体育文化意识，而且也为师生员工的创造性思维活动提供了广阔的空间。除此之外，校园体育文化还具有健身性、娱乐性、群体性和开放性等特性。

五、时代性特征

文化是时代的文化，不同时代有不同的文化。校园体育文化也不例外，它与所处时代的政治、经济及文化的发展密切联系。新时代的校园体育文化总是对前一时代文化的继承、批判和超越。也正是因为有这一特性，不同时代才会产生不同的校园体育文化。

六、动态性特征

大学校园体育文化参与的主体是大学生。大学生天生好动，他们不习惯长期静坐和默读。一般而言，校园的课堂教学活动是一种静态性的教育形式，长时间的"三点一线"式的学习生活，往往使多数好动的学生感到枯燥无味。因此，大学生在学习之余所钟情的休闲娱乐方式往往是体育文化活动，这既能调剂学生的学习生活，又能获取各种体育知识和综合才能。在紧张学习的闲暇，在复习迎考的间隙，由班级或学生团体组织一场小型的足球、网球比赛等，这样既能调节学习生活、和谐心境、陶冶情操，又能使大学生得到积极性的休息。特别是在节假日到来的时候，如果进行以上的活动，就能使宁静的校园一时又"动"了起来，这就是大学校园体育文化的动态性特征。

七、导向性特征

高等教育的目标是培养德、智、体全面发展，有理想、有道德、有文化、守纪律，适应社会发展的高层次人才，这就决定了大学校园体育文化活动必须服从和服务于这个目标。因此，大学体育必须按高等教育培养合格人才的需要去建设校园体育文化，提倡科学的、健康的、文明的、高品位的体育文化活动；引导学生从自身的特点出发，大胆地开展校园体育文化活动，让他们有自我表现、自我教育、自我管理、自我提高的组织、环境、场所和体验；同时，激发大学生在体育文化活动中不断提高人文素质修养，科学地进行体育健身，树立正确的人生观、道德观、体育观，弘扬爱国主义精神，使大学校园体育文化朝着健康、文明、正确的轨道发展。

八、娱乐性特征

娱乐性特征是大学校园体育文化的一个基本鲜明的特征。一般说来，大学校园体育着重于人的身心需要和情感愿望的满足，不以高超复杂的技艺，深邃的体育哲理和深厚的体育文化素养诸条件要求参与者，而是以普遍的、自娱自乐的、消遣性的、游戏性的活动方式迎合参与对象，使他们可以在这些活动中得到直接的令人愉悦的主体情感体验。大学校园体育文化活动项目广泛而丰富多彩，有竞技、表演、休闲等项目，所有这些活动普遍带有浓厚的娱乐色彩。大学校园体育精神文化的最大魅力就在于情感体验和精神脉冲，也就是我们所说的娱乐，不同的体育项目给人的情感体验不同。大学生参与的体育活动，形式多样、参与人员可多可少、场地可大可小、时间可长可短、规则可松可紧，可以根据不同人群，不同性别的不同需要来选择相应的运动项目和运动形式。体育运动总是处于一种未定结果，需要不断努力，把握时机的过程中，正是结果的不可预测性给人带来无限的刺激，产生复杂的情绪体验和感受，吸引大学生广泛参与。游戏性增加、娱乐性增强，容易达到娱乐身心，消除疲劳，扩大交往，促进友谊的目的，可以满足青年大学生的休闲娱乐需求并令其身心得到健康发展。其娱乐性的特征使大学校园体育文化自然而然地产生了巨大的吸引力，吸引广大师生的积极参与，无论在空间的广阔性，还是在时间的持久性上，体育文化的价值是其他校园文化难以企及的。

九、复杂性特征

大学校园体育文化的复杂性主要表现在其内容方面。它的四个层次内容包括大学校园体育物质文化、大学校园体育精神文化、大学校园体育制度文化和大学校园体育行为文化。具体内容涉及体育观念、体育精神、体育道德、体育风尚、体育知识、体育制度、体育规范、体育场馆设施、体育雕塑、体育服饰、体育图书音像、体育标志、体育宣传等广泛而又复杂的各方面，以及由这些方面所带来的学生体质增强、精神焕发、气质形象改变、技能提高、心理健康等多种无形的效果反映。另外，大学校园体育文化的复杂性还表现在其内部关系的冲突及其协调上。体育课内文化与体育课外文化，体育教学文化与体育群体文化和体育训练文化，大学竞技体育文化与大学业余体育活动文化等，常常会产生不同程度的摩擦与冲突。在大学校园体育文化与外部文化的冲突与矛盾中，最为突出的是：大学专业教育文化与校园体育文化的冲突，竞技体育文化以正统文化自居，而造成对校园体育文化正常发展的严重障碍，这也正是目前高等教育向素质教育转轨，提高大学生人文素质水平的难点所在。

十、渗透性特征

大学校园体育文化的渗透性，是指大学校园体育精神能够发生辐射，渗透到大学生学习、生活、娱乐休闲等各项活动之中，渗透到大学生体育价值观念的形成过程中。在体育运动中始终贯穿着竞争和拼搏的精神，这种精神和意识是现代社会人的非常重要的职业素养。在发达国家中人们就十分重视个人的体育运动经历，美国许多成名的大企业家均或多或少有过不同运动水平的体育经历。因此我们应该积极利用体育精神来影响和引导在校大学生和大学校园体育文化的发展。大学竞技体育文化是以"竞技"为手段，以不断超越大学生生理和心理极限为内涵的一种较为独特的文化现象，它成为凝聚大学精神、展现身体魅力的重要载体。它不仅承载着社会责任感，而且还承担着社会关切和唤醒、凝聚、团结大众的重任与个性化的追求功能。竞技体育文化在精神、行为文化中发挥着其他文化现象所不可替代的作用，它必然对大学生的体育价值观念产生重要的影响。另外，大学体育对社区体育和家庭体育的渗透作用也日益凸显。许多社会体育方面的专家和学者都不约而同地认为，社区体育要以社区附近的学校为中心来开展，充分利用学校的场地器材和体育运动文化氛围。我国社会体育的现状主要表现为如下不足：其一缺乏必要的场地、器材和设施等基本条件。其二缺乏社会体育指导员和体育骨干。其三缺乏健身意识和体育生活方式的养成。在相当长的一段时期内，解决该问题的主要途径还是学校体育，尤其是大学体育。首先，大学在城市中的地理分布基本位于较大的社区中心，是开展社区体育的理想场所。其次，大学校园中有受过专门训练的体育教师，他们可以在业余时间作为兼职体育指导员来为社区体育服务。再次，大学校园具有较强的开放性，能够接纳社区居民的体育运动要求，再加上大学体育本身所具有的强大的文化影响力，进而通过不同的方式渗透到校外的社会生活中，从而实现了大学体育文化对社区体育和社会文化的辐射作用，进而改变了社会体育现状。

十一、交叉性特征

当代大学校园文化与体育文化的分野或独立，并没有使得它们放弃历史所遗留下来的两种文化并存与共有的领地——大学校园体育文化。现代大学校园体育文化通过对大学校园文化与体育文化的选择与重构，使得它有可能在不断构建自身的同时，映射出大学校园文化与体育文化的完美结合、水乳交融的理性光芒。因此说，大学校园体育文化是大学校园文化与体育文化有机结合的产物，是一个联结校园文化与体育文化的功能融合环。

十二、时尚性特征

大学校园体育文化的主体是当代大学生，而大学生是领导社会潮流的特殊群体。在社会进入21世纪的今天，体育成为社会人际交往、生活质量提高的重要方式，因此体育在大学校园中也成为时尚。参与健身、参与体育文化活动成为大学生休闲娱乐活动中的主体。大学生作为具有较高知识水平的群体，不仅能够接受传统的体育精神产品和物质产品，而且还能够吸收传统体育文化的精髓，创造并形成自己独特的体育文化生活。篮球、排球、足球、乒乓球、羽毛球、太极拳、游泳、健美操等健身活动开展得如火如荼，新兴的体育项目如网球、棒球、秧歌舞、拓展训练等也悄然在大学校园中兴起，并以其新颖性、刺激性、挑战性而普遍受到欢迎。传统体育项目和新兴体育项目大大丰富了大学校园体育文化，为大学校园体育文化注入了新的生机与活力。

十三、融合性特征

体育是促进文化交流、文化融合的有效途径，全世界奥林匹克运动正是这一现象最好的例证。大学生容易接受新的观念和思想，通过体育运动大学生不仅可以吸收不同地域、民族、国家文化中的精粹，而且能够将外民族与本民族的优秀文化传统有机融合在一起，提高青年大学生的民族自尊心和文化创新力。比如，姚明引导了无数的国人领略 NBA 的魅力；丁俊晖，使我们禁不住了解斯诺克运动的文化底蕴；李娜，让我们体验了网球运动的无限激情。体育运动的无数事实表明，"在世界的五种通用语言中，体育尤为引人入胜"，体育加快了世界文化的交流、创新和融合。随后体育运动文化和形式日新月异的发展，大学校园体育文化也呈现出纷繁的内容和形式。中国的大学里逐步引入了西方体育文化的精粹部分，而这些不仅是体育本身，更主要的是对大学生价值观念、思想意识、道德理念的洗礼。随着全球化程度的逐步深化，西方的新体育思想、新体育文化纷纷涌入国内，善于接受新科技、新文化的大学校园无疑受到一定的冲击，师生们从西方体育文化中发现了许多值得借鉴和效仿的东西。据此，大学校园体育文化的融合性得以充分体现，犹如中国近代中西文化交汇碰撞，给我们带来了近代体育一样，一些西方比较盛行的体育项目、体育思想和理念首先在大学中得到接纳、传播与流行。大学校园体育文化在一定程度上讲，犹如社会体育文化的窗口或媒介，使西方的现代体育文化不断与中国民族传统体育文化相融合。

十四、内隐性特征

校园体育文化是以间接、内隐的方式呈现的，是通过无意的、非特定心理反应机制来影响学生的。大学生在体育文化环境中学习、生活，在不知不觉中接受体育文化信息，并受到感染、熏陶，潜移默化地实现着文化的心理积淀，并逐渐转化成为自己的行为方式。

十五、独立性特征

校园体育文化是校园里的人群共同参与体育活动所形成的一种文化，它有着特殊的主体和环境。这个主体具有较高的知识水平，在接受传统体育文化精神和物质的同时，还能主动吸取世界优秀体育文化精髓，并逐步创造发展具有特色的校园体育文化。

十六、多样性特征

校园文化的优势注定了校园体育文化的多样性，无论是体育意识文化、体育行为文化，还是体育物质文化都极为丰富多彩。以人为本，注重学生个性培养的体育教育指导思想，使个性鲜明的体育文化主体得以充分展示个体的创造性，显示其独立性和自主性，因而极大地丰富了校园体育文化生活的内容。

第三节 大学校园体育文化的功能

一、健身功能

1948 年世界卫生组织指出："健康不仅是免于疾病和衰弱，而是保持身体上、精神上和社会适应方面的完善状态。"这一概念改变了以往健康仅指无生理功能异常、免于疾病的单一概念，阐明人的健康应包括身体、精神和社会三个方面。而大学校园体育文化之所以能增进人的健康，具有健身功能，这是因为大学校园体育文化是通过多种形式体现出来的，而体育活动是大学校园体育文化的主要形式，它在促进师生员工身心健康方面起着重要作用。首先，通过体育活动能改善和提高中枢神经系统的功能，使人头脑清醒、思维敏捷；其次，通过体育活动能促进内脏器官生长发育，塑造健美体形，从而提高人的劳动效能和运动能力；最后，通过体育活动能使人朝气蓬勃、充满活力、生活愉快、精神健康，消除意志消沉和情绪沮丧等不良情绪和心理状态，使人性格豁达，从而提高适应自然环境和社会环境的能力，提高对疾病的抵抗能力，达到延年益寿的效果。所以，良好的大学校园体育文化能有效促进师生员工身心的健康发展。

二、教育功能

校园体育文化的教育功能主要表现在它的潜移默化、耳濡目染、暗示性和渗透性。这种教育形式不同于教师教、学生学的单向酒精为主的课堂教育，它是在具体可感的体育活动中，通过统一的规则，规范的行为，严密的组织和一些约定俗成的规定，使参与者和观赏者自觉或不自觉地接受校园体育文化的教育，并逐步内化为行为、习惯、意识的教育过程。另外，校园体育文化教育能消除某些正面教育所引起的逆反心理，收到有些正面教育所不能收到的效果。总之，校园体育文化所产生的效应，无疑会使学校成员自觉地将自己与学校融为一体，形成强烈的责任感和使命感，产生激励、进取、令人振奋、催人向上的教育力量。

三、娱乐功能

高等教育不仅要重视"教化"功能，而且要重视"教诲与娱乐"，使师生在紧张的工作学习之余，脑力、体力、心理得到放松与调适，才能适应和胜任繁重的学习和工作任务。校园体育文化在这方面起到了不可替代的作用。丰富的校园体育文化内容，不管是竞技运动项目还是休闲运动项目，不管是高水平比赛还是大众水平的练习，普遍都带有浓厚的娱乐色彩，这正迎合了大学师生员工的生理、心理特点和文化需求。在这些活动中，使师生暂时忘掉了工作和学习的烦恼，使焦虑和紧张等心理压力得到很好的缓解和释放，进而获得精神愉悦与自由，保持乐观情绪，而且还能通过这些体育文化活动达到陶冶情操、净化心灵、享受生活乐趣的目的，有利于人们的身心得以和谐、健康的发展。正如贝弗里奇在《科学研究艺术》一书中写道："娱乐和度假主要是一个个人需要的问题，但科学家如果连续工作的时间太长，就会丧失头脑的清晰和独创性。……我们大多数人都需要娱乐和变换兴趣，以防止变得迟钝、呆滞和智力上的闭塞。"

四、创造功能

体育的全部意义就在于人体的自我创造，自我发挥，创造德、智、体、美、劳全面发展的一代新人。大学校园既是体育历史文化的"储藏室""中继站"，又是实现体育文化的"加工厂""交易所"。体育教学、训练、科研和管理的各种新观点、新学说、新技术、新方法不断在这里孕育产生、创造和发展，同时又在这里传授交流、推广或转让。这种既相互冲突、排斥，又相互渗透、融合的形式，不仅是校园体育文化产生、嬗变、发展的一般规律，而且也是创造灿烂光辉、多彩多姿的校园体育文化的基本途径。

五、审美功能

当代大学生推崇和追求的是现代社会快节奏的生活方式和高层次的美感享受，他们对美的追求有着更新、更全面的内容要求。校园内各种格调高雅的体育场馆及内容丰富、形式多样的体育文化活动，正满足着他们的审美需要。尤其是目前在高校校园内普遍开展的健美操等活动,探探地吸引着广大师生员工参与其中。通过自身努力而获得的美的感受,会激起他们创造美好环境的热情和行动,同时也会对美的理解产生更深刻、更丰富的联想。

六、导向功能

大学校园体育文化是学校师生员工体育价值取向的向导,大学校园体育文化建设应体现国家和广大师生利益的一致性。大学校园体育文化的内容和形式,以及所构成的文化氛围,深刻影响学生的体育思想行为和体育生活方式。它是一种客观的、实际的环境力量,起着制约和规范人们体育行为的作用。所以,一旦形成人们的意识,就会变成一股巨大的导向力量。尤其对大学校园的青年学生来讲,他们的人生观、世界观、价值观和审美观都还处于逐步成熟阶段,特别需要正确的引导。大学校园体育文化的导向作用,主要通过两个渠道来实现的:一是国家和学校的体育发展战略、路线、方针、政策,以及由此而产生的社会价值导向对大学师生的指导作用。大学社会化程度随着时代的发展愈加深化,因此谈大学校园体育文化离不开国家体育、教育的大环境。二是通过大学校园体育文化本身蕴含的世界观、价值观、道德观等对大学师生的潜移默化的文化影响和导向。总之,大学校园各种各样的体育文化活动、校园体育气氛、教师言行等都在无声无息地引导着学生的价值取向,对学生的体育认识的形成发挥着巨大的同化和导向力量,校园体育文化建设就是要在育人过程中建立起具有正确导向的机制。

七、凝聚功能

大学校园体育文化的凝聚功能主要体现在大学校园体育精神文化上。大学校园体育文化建设的一个重要目标,就是形成一种内求团结、活跃校园氛围,外求发展、提高大学声望的精神风貌。良好的校园体育文化环境使人身居校园,处处感到大学校园独有的魅力和生机。同学之间、师生之间,师生员工与大学之间,通过体育传统和文化氛围建立强烈的责任心和荣誉感,进而激发一种使人感到心情舒畅、令人振奋、催人上进的力量。将来走出校园,师生会时刻怀念、感受到学校的体育在他们成长、生活中所带来的快乐、健康和力量,进而会在一生中发扬在大学中形成的体育观念和生活方式。这种回忆会让他们为维护母校的声誉,为母校争光而努力奋斗。总之,优秀的校园体育文化具有催人奋进的凝聚力和激励作用,能激发全体师生员工对学校的认同感、自豪感和荣誉感,能激发广大师生员工的工作热情和学习热情,进而使学校的凝聚力得到拓展和升华。

八、激励功能

大学校园体育文化的激励功能旨在强调理解、尊重和爱护校园人，强化校园人的工作、学习动机，调动校园人的积极性、主动性和创造性，并反对把运动员或校园体育积极分子看成"运动机器"，或以"成败论英雄"。校园体育文化之所以能够在校园人中间树立起和培养共同的体育目标、价位、理想、信念，关键是它能够增强校园人的事业心和责任感，使他们保持高昂的情绪和进取精神，从而乐而不疲地为学校体育而奋斗。

需要唤起动机，动机引起行为，行为指向目标。激励问题也是一个不断满足需要的问题。校园体育文化把校园人置身于一个良好的心理氛围与和谐的人际关系环境之中，使他们获得精神上的需求与满足，同时也为校园人设置了体育文化享受与创造的空间，提供了体育文化活动的背景与使用体育场馆、设施、器材的机会，使校园人的体育活动兴趣得以满足，体育人生观与信念得以实现与升华。校园体育文化范围中的种种激励诱因能激发校园人产生并维持积极的体育行为动机，为个体身体锻炼而做不懈的努力，从而使个体目标与学校体育总目标趋于一致，以发挥和完成校园体育文化的激励功能。

九、沟通功能

大学是一个相对独立的文化群体。由于传统的教学方式，学生与教师之间、教师与教师之间，教师、学生与管理人员之间，以及专业之间、年级之间、学校之间、区域之间等存在着明显的差异和障碍。由于现代计算机和网络技术的发展，给高等教育带来实惠的同时，也使这种障碍所造成的弊端显得越来越突出，大学校园体育文化活动则成为解决这一问题的"润滑剂"，它可以通过丰富多彩的体育活动，扩展校园内各层面群体间交往的空间，增加情感沟通的渠道，加强相互接触的机会，打开许多封闭的障碍，从而增加交往的频率，改善不和谐的人际关系，获得凝聚力和向心力等。另外，学校之间的交流，有很多时候都是通过体育竞赛和体育研讨的方式来进行，因为体育是最容易激发情感交流、价值认同和化解矛盾的介质。

十、社会功能

随着我国市场经济的发展，高校学生面临的将是一个竞争日益激烈的社会环境，个体在求学、深造的过程中，除了获取各种社会知识和专业知识外，还必须不断提高心理健康和心理素质水平。当然，要达到这一目的，需要依靠学校各课程教学与学校、社会、家庭其他教育形式的相互配合，但毋庸讳言，校园体育文化对个体社会化形成的影响是巨大的。开展校园体育文化中遵循的优胜劣汰的原则，公平竞争的意识，顽强拼搏的精神，创造与开拓的能力为规范的风貌，都使生活在校园体育文化中的个体有意无意地实现精神、心灵、性格的塑造，使个体与社会环境、社会要求之间实现了某种平衡和协调，达到了社会化的目的。

十一、传播功能

大学是培养高层次、应用性、创新性人才的重要基地。通过大学校园体育文化可以广泛传播体育思想，提高师生员工的体育意识，创造积极向上的体育文化氛围，指导正确的体育行为。校园体育文化的内容、形式及校园体育文化建设中所形成的文化环境与文化氛围引导师生树立"以人为本，健康第一"的观念，而良好的体育文化氛围是一种无形的力量，体现了师生共同的体育价值观。同时，各个学校的体育运动队通过参与校际间的体育比赛这一对外窗口，不仅展示了运动队的竞技水平和精神面貌，也可以间接地反映学校的综合实力和办学水准，无形中为学校树立了良好的社会形象，有效地提高了学校的社会声望。

十二、经济功能

校园体育文化的经济功能，以前对校园人的影响往往被忽视，现在随着市场经济的发展，其经济功能也越来越显示了它的影响力，并发挥越来越大的作用。具体体现在两个方面。

（一）发挥校园体育物质文化固有的作用

大学校园的体育场馆、训练设施、科研仪器，除了满足日常的教学、训练、科研的需要外，课余时间也应搞"出租""转让"，既对校园人开放，又部分地向社会开放，如承办各种国内外体育比赛，接纳歌舞戏曲表演，举办展览会或展销会，播放电影、录像等活动，以提高场馆的利用率，既为校园人提供娱乐、消遣、健身的场所，又能带来可观的经济效益。

（二）调动校园人的主观能动性

校园人可利用自身专业特点和运动技术特长，在校内外举办或联办各种类型的培训班（如健美、健美操、武术、气功、拳击、散打等培训班）或体育卫生知识讲座、体育保健营养咨询，不但能提高校园人自身的社会价值，而且又能带来一定的经济价值。

十三、心理疏导功能

心理疏导功能主要指的是大学校园体育文化对大学生形成优良的个性品质和良好积极的心理状态，以及对大学生的各种压力和心理障碍的调节、疏导、释放所产生的功效。大学校园体育文化活动以其固有的刺激性、娱乐性、欢快性、体验性，丰富了大学生的精神生活，使他们在紧张的学习之余，体验到激励的情绪和迸发的躯体运动感，感到心情愉快、精力旺盛、情绪高涨，并通过大学校园体育文化的精神氛围，消除大学生心理上和情绪上的自我干扰和互相摩擦，减少内耗，协调人际关系，从而体现校园体育文化的心理疏导功能。我们在构建适应时代要求、品味高尚、内涵丰富、特色鲜明的校园体育文化时，在满足大学生各种正当、合理的体育活动需要的同时，应充分发挥体育运动中心理的引导作用，使学生的个性心理品质、心理状态、行为规范等在渗透着优秀的校园体育文化的氛围中，得到进一步的升华。

十四、示范与辐射功能

大学校园体育文化的示范与辐射功能是指校园体育文化主体中的优秀人物以及客体中的一些标志物对其他人以至社会具有的巨大示范、辐射作用。校园体育文化建设旨在营造一个健康向上、拼搏坚韧、活泼生动的求学与做人的环境，大学校园体育文化的营造主体——体育教师、体育标志性建筑物和雕塑、体育吉祥物、标准色等有形的校园体育标志对大学师生会产生潜移默化的影响，甚至是终身的影响。体育教师不但要教书，更要育人；不仅要做传授体育知识、技能，更要做到在教育中求真、求实、求诚、品质坚毅、情操高尚；不仅要关心学生的学业，更要指导学生提高做事、律己、交友、待人处事等方面的人文修养。因为好的榜样是易于效法，使人们受到感染和激励，因而具有强烈、深刻的教育示范与辐射作用。校园中的标志性体育雕塑等人文景观，也都对生活于其中的人们产生潜移默化的教育示范、辐射作用，体育标准色指的是大学体育用一种颜色来代表学校体育的精神、形象和内涵，它在学校体育的各方面内容中均能得到体现、宣传和发扬。总而言之，大学校园体育文化可以通过体育标志、体育人物、体育宣传语、体育故事等对大学师生的体育观念、行为等产生直接的、强大的示范与辐射功能。

十五、约束与规范功能

大学为了保证正常的教学工作、生活秩序得以维护，总要制定出许多的规章制度来规范和约束人们的行为，这是有形的硬约束，依"法"治校，是十分必要的。但是这些硬约束无论多么完善，都不可能对学校的每个成员的思想、心理和行为都具有约束和规范作用，还需以"德"治校，实行软约束。大学校园体育文化作为一种无形的文化上的约束力量，形成一种行为规范来制约人们的体育文化行为，以此来弥补各类体育规章制度等硬约束的不足。它能使某种体育信念、体育价值观等在校园人的心灵深处形成一种心理定势，构造出一种响应机制，只要外部诱导信号一发生，即可得到积极的响应，并迅速转化为预期的体育行为。这种软约束等同于校园中弥漫的校园体育文化氛围、大众体育行为准则和体育道德规范、群体体育意识、社会体育舆论、共同的体育习俗和体育风尚、一致的体育目标和大学体育价值追求等精神文化的内容，就会造成一种强大的使校园人个体体育行为从众化的群众心理压力和动力，使校园人产生心理共鸣，从而产生体育行为、心理和道德的自我控制。这种有效的软约束可以减弱各种硬约束对体育文化活动中的人们的心理的冲撞，削弱在校园人中引起的那种心理抵抗力，从而在校园内达成统一、和谐和默契。这种软约束对每一个校园人都能起到明显的约束作用。校园体育文化所形成的体育纪律、体育伦理、体育道德、体育制度、体育风俗等，是师生共同创造、认可并自觉遵守的，它表现为一定的纪律性和规范性。凡是符合校园体育文化建设规范的行为，必将得到肯定和鼓励，而违背校园体育文化建设规范的行为，则会受到人们的谴责，这在大学校园体育社团建设中尤为重要。因此，校园体育文化同大学文化一样对每一位师生都具有约束力，它从体育文化活动中通过文化要素来规范着每个人的行为。

十六、心理疏导功能

心理疏导功能主要指的是大学校园体育文化对大学生形成优良的个性品质和良好积极的心理状态，以及对大学生的各种压力和心理障碍的调节、疏导、释放所产生的功效。大学校园体育文化活动以其固有的刺激性、娱乐性、欢快性、体验性，丰富了大学生的精神生活，使他们在紧张的学习之余，体验到激励的情绪和迸发的躯体运动感，感到心情愉快、精力旺盛、情绪高涨，并通过大学校园体育文化的精神氛围，消除大学生心理上和情绪上的自我干扰和互相摩擦，减少内耗，协调人际关系，从而体现校园体育文化的心理疏导功能。我们在构建适应时代要求、品味高尚、内涵丰富、特色鲜明的校园体育文化时，在满足大学生各种正当、合理的体育活动需要的同时，应充分发挥体育运动中心理的引导作用，使学生的个性心理品质、心理状态、行为规范等在渗透着优秀的校园体育文化的氛围中，得到进一步的升华。

总之，大学校园体育文化的功能是一个有机融合的整体，要使这些功能充分而全面的释放，取得校园体育文化整体效益的最大值，必须对其结构进行科学搭配、优化组合，确保各项功能发挥应有的作用，以此发挥校园体育文化的整体功能。

第四节 大学校园体育文化的发展

一、大学校园体育文化的发展历程

我国大学经历了精英教育向大众化教育的过渡，经历了由根深蒂固的封建教育传统影响和高度集中的计划经济体制束缚的阶段向社会主义市场经济体制下先进的人文科学精神引领的现代大学的转型和改革阶段的过渡。在此过程中，大学的治学理念、管理体制、教育理论、学生培养方式、校园环境等均发生了较大的变化。大学校园体育文化也逐渐从弱势到功能彰显，从隐性到显性发生较大的变化。本研究根据社会政治、经济和文化发展背景以及大学校园体育文化本身发展的规律特点，将改革开放以来大学校园体育文化发展分为以下四个阶段。

（一）大学校园体育文化的恢复发展阶段

20 世纪 70 年代末 80 年代初这一时期的大学校园体育文化表现出自发性、无序性特点，只是一种大学生集体精神、集体追求的外在表现。从大学生主体意义上考察，这一时期大学校园体育文化对大学生全面发展的影响作用尚不突出，校园体育文化建设的目的、内容并没有与大学生的全面发展要求相结合。

大学体育也逐步调整恢复，大学体育工作从恢复体育课、课外体育活动、运动训练和校级、单项体育竞赛开始逐步完善。随着十一届三中全会精神对大学及社会影响的深入，大学生逐步突破了社会的普遍信仰和个人崇拜，打破了教条主义精神枷锁，大学生群体开始有了自我主体意识，真正开始运用自己的头脑来思考问题，观察世界，反省过去，探索未来。

1978—1982 年，大学体育实施了《普通高等学校体育课程教学大纲》《国家体育锻炼标准》，推行第六套广播体操，举行了各级大型综合运动会。这使得大学生在"实践是检验真理的唯一标准"思想主导下，重新认识了体育的价值，并在校园体育各类文化活动中体验到了体育带给他们的身体和精神上的刺激和感受，使他们真切感受到了回归学校，进入久违的大学校园后的那份思想的震撼。他们在"为祖国健康工作五十年"的号召下，深感时间的珍贵，带着强烈的责任感和使命感勤奋学习和锻炼身体，立志为早日实现"四化"而奉献青春，于是使命和责任意识下的校园体育文化活动成为这段时期大学校园体育文化的新热点。

然而由于时代的局限性，社会经济发展水平较低，政治、教育均处于恢复调整改革阶段，在这一时期的大学校园体育文化相对比较贫瘠，形式单一，组织无序。

（二）大学校园体育文化的探索发展阶段

20 世纪 80 年代这一时期的大学校园体育文化处于由自发到自觉，由无序到有序的过渡时期，大学校园体育文化建设呈现探索特征。大学师生对校园体育文化组织形式、制度政策积极地进行探索，不断丰富校园体育文化形式和载体，不断挖掘、增强校园体育文化的育人潜能。

以 1986 年"校园文化"概念的正式提出为临界点，其成为大学校园体育文化由自发到自觉、由无序到有序初步过渡的标志。"校园文化"概念被学界提出后，大学校园文化的研究呈现白热化状态，校园体育文化作为大学校园文化的重要组成部分，自然也成为研究的热点。所以这一时期的大学校园体育文化热点纷呈，各种载体、形式日益丰富，大学师生参与热情日益高涨。但是，既然是探索时期，就难以避免走弯路，也难以避免负面文化、不良文化对大学生的影响。

从大学生主体层面来看，社会经济文化逐步繁荣与活跃激发起大学生的强烈的主人翁意识、忧患意识和历史责任感。中国竞技体育的初步辉煌成绩为中国人挺直腰杆，获取政治地位的认同提供了强大的精神动力。尤其是对于具有强烈忧患意识和责任感的中国大学生们，在体育竞赛中真切感受到了中国的力量，真切的宣泄了他们强烈的爱国主义情感。中国女排的五连冠的创举，李宁体操时代，中国羽毛球队星光璀璨，1984 年奥运会的辉煌。可以说，中国竞技体育带给大学生的一次次震撼，中国女排姑娘们体现的团结一心、勇于拼搏、顽强而永不放弃的中国体育精神让大学生一次次流泪而呐喊。他们将这种体育精神带给他们的动力充分地融入了学习和各种形式的校园体育文化建设之中。

然而由于时代的局限性，这一时期的大学校园体育文化存在内涵不深刻，载体不丰富的缺陷，校园体育文化对大学生全面发展的作用形式还主要是大学显性学校体育活动和学生自发组织的各类小型体育文化活动。缺乏国家一流大学经验的借鉴，缺乏大学生文化的深入研究，大学对校园体育文化建设的重视程度、组织指导仍然由于观念上的欠缺，特别是大学校园体育文化活动没有实现与大学生主体在需求、观念、政治教育、德育的有机结合，导致校园体育文化的思想政治教育功能、德育功能相对较弱，各种不良文化、负面文化伴随校园文化的发展而存在，甚至使大学校园体育文化一度出现严重偏差。

（三）大学校园体育文化的深入发展阶段

20 世纪 90 年代后，大学校园体育文化进入了深入发展期。这一时期的大学校园体育文化建设更加理性化、多元化、规范化。大学校园体育文化载体已经不仅仅限于校园行为文化活动，校园体育的物质文化、精神文化、制度文化等其他载体也开始显现并被加以利用，逐渐发挥了它们的育人作用。校园体育文化活动形式更加活泼、多样，吸引更多的大学生参与。

这一时期是中国政治经济快速改革与发展时期，科教兴国战略、社会主义市场经济体制转型使中国社会的政治、经济、文化环境发生了历史性的变化，深刻影响了人们的世界观、人生观、价值观、道德观以及生活方式。这种影响推动了大学校园体育文化的深入发展。从大学内部环境来看，大学开始理性思考、研究并重视体育在大学生精神熏陶、文化领悟和身体教育中的积极价值，因此大学实行积极、严格的大学体育政策。首先，实施《全国普通高校体育课程教学指导纲要》使体育课向深层次改革，丰富体育课程内容，给予大学生更大的自主性；其次，实施《学校体育工作条例》《大学生体育合格锻炼标准》，其目的在提高学校体育质量和效果，提高大学生体质健康水平；最后，推动校园群体活动模式改革，提高高水平运动队成绩和榜样教育力量，推动大学生体育职业联赛，加强体育科研，其目的在于使大学体育与大学生教育实现深层次的内在融合，使大学生领悟体育与文化。

从大学生层面来看，20 世纪 80 年代末，作为校园体育文化主体的大学生失去了 20 世纪 80 年代大学生那种"栋梁"式的感觉，开始重新认识社会现实与个人才能之间的关系，开始真正学会用现实的眼睛来理性地思考历史，理性地思考中国国情。高等教育实行双轨制，应试教育加剧高考的压力，社会经济体制改革加强对高素质人才的需求加剧了就业压力，这不断刺激着大学生主动成才意识、竞争意识和参与意识。大学校园体育文化为他们提供了开阔视野、增长知识、投身实践的广阔天地，这就促使他们参与校园体育文化的热情高涨，通过积极参与校园体育文化活动提高个人综合素质的主动性进一步增强。班级、院系、社团、全校范围内的各类各型校园体育文化活动蓬勃开展。这反映出大学生的价值目标突破了传统的、静态的一元价值的抉择，逐步实现体育价值观的转变。然而由于大学对校园体育文化建设重要性的认识不同，支持力度不同，规划设计指导思想不一，没有实现大学校园体育文化建设的和谐化，致使当时的大学校园体育文化建设还存在很多问题，各校差异较大。

（四）大学校园体育文化的和谐发展阶段

经过恢复发展期探索发展期、深入发展期，大学校园体育文化建设积累了丰富的经验，为其和谐发展、科学发展奠定了坚实的基础。大学校园体育文化无论在思想上还是在实践中都已经成为大学培养人才的重要载体，成为促进大学生全面发展的重要途径。

21世纪以来，构建和谐社会和科学发展观成为国家发展主导思想，社会政治、经济、文化、教育环境为大学校园体育文化的发展提供了更为有利的条件。从外部发展环境来看，国家进一步重视和发挥体育在国家政治、经济、教育、文化发展中的重要作用。

从大学内部发展环境来看，国家和高校在新时期对校园体育文化建设的主导作用更强。不少大学不再只是在口头上强调校园体育文化建设，校园体育文化建设也不再只是体育部门、学生工作部门、共青团组织的任务，而是成为学校的一项重要工作，有更多的部门参与进来，大学校园体育文化建设逐渐实现了科学化、和谐化。大学校园体育文化的形式更加丰富、规模更大、层次更高、参与主体更加多样化。总的来说，21世纪整个社会、教育文化环境的变化使大学校园体育文化实现了质的飞跃。

从大学生自身来看，新时期大学生的体育文化需求更趋多样化、个性化。他们面临各种机遇，也面临各种压力；他们有大干一番事业的激情，也有面对理想与现实冲突的无奈。大学生的成才意识、竞争意识、参与意识更加强烈。他们一方面可以通过参与校园体育文化来锻炼能力，提高综合素质；另一方面又可以通过参与校园体育文化活动来舒缓压力。新时期的大学生对校园体育文化的参与更加成熟，目的性更加明确，努力进取、奋勇拼搏的精神更加鲜明，参与校园体育文化活动的种类更加多样化。

二、制约大学校园体育文化发展的主要因素

制约大学校园体育文化发展的因素有许多，具体从以下几个方面进行介绍。

（一）缺乏对大学校园体育文化的文化自觉

纵观人类体育文化的发展历程，是否对大学校园体育文化具有文化自觉，对于回应文化全球化潮流至关重要。一些大学校园体育文化逐渐萎缩甚至消

失，其首要原因也就是在精神上丧失了自我，缺乏对大学校园体育文化应有的文化自觉。同样，对于大学校园体的发展而言，它首先应该是全民的一种文化的自觉，应该是全社会的一种行为。因此，文化自觉对大学校园体育文化的发展具有重大意义，是大学校园体育得以发展的前提。目前，制约大学校园体育文化发展的原因在于我国社会普遍缺乏对大学校园体育文化的文化自觉。目前，以奥林匹克运动为代表的西方体育文化则充斥着我们周围的各类媒体，现在的年轻人更多地知道西方的体育文化，他们更感兴趣的也是西方体育文化，从而使师生们不能正确认识大学校园体育文化的地位、价值和作用，自然也就缺乏保护和传承大学校园体育文化的自觉意识。

（二）理论体系的不完善和不成熟

自从我们国家提出保护非物质文化遗产的意向和启动向联合国教科文组织申报非物质遗产名录以来，在一部分知识分子和政府官员中的"文化自觉"意识已大为提升，一个以保护和抢救濒临失传的非物质遗产为目的的文化理念和文化行动，也逐渐深入人心。同样，作为我国文化重要组成部分的大学校园体育文化的理论体系也相对不成熟、不完善。为什么要保护大学校园体育文化，怎么保护大学校园体育文化，最后要达到什么目的，这些还不够明晰；对大学校园体育文化的调查、整理、挖掘、认定、保存、传播还不够；还没有探索出大学校园体育文化的有效传承机制及其发展和嬗变的规律。

（三）传统文化的影响和认识上的局限性

传统文化的影响和认识上的局限性是制约大学校园体育文化建设的主观因素。不论从我国传统文化发展进程还是从学校体育发展的历史来看，"重文轻武"是我国社会普遍存在的一种现象，而应试教育的价值取向，从一定程度上又加深了对这一观念的认同，为这一观念提供了滋生的土壤。因此出现了国家部委重视而基层忽视的尴尬局面。这一局限性认识的结果，是对大学校园体育文化形式上的重视，而忽略了隐性的体育精神文化的建构和体育制度文化的建设，这一局限认识也导致了对体育文化建设的困难性，长期性估计的不足，从而使大学校园体育文化建设难以向纵深、高层次方向发展，最终导致了大学校园体育文化功能的弱化和简单化。

（四）经济基础薄弱和师资力量匮乏

经济基础薄弱和师资力量匮乏是制约大学体育文化建设的客观因素。校园体育文化属于上层建筑范畴，经济基础决定着高校校园体育文化建设的总体水平。校园物质文化建设是校园体育文化建设的基础和前提。但由于历史等原因，在计划经济体制下，国家对教育经费的投入长期得不到满足，导致大学体育基础设施建设，在经费的使用上常常捉襟见肘。大学的体育经费仅够维持体育教学的基本开支，难以对体育文化建设所需的硬件设施，硬件环境和物化条件做出较大的投入和进一步的满足。

体育师资力量的强弱将直接关系到校园体育文化建设的质量。目前大学体育教师队伍还存在不少问题，还较难以满足现代社会对高校体育教师所提出的要求。主要表现在：一是受传统的"体质教育观""技术教育观""竞技教育观"等教育思想的影响，部分教师对体育目标的理解"狭隘化"和"低层次化"，从而造成了他们对体育文化建设的忽视；二是体育教师"二次学习"的机会不多，故而因循守旧，缺乏创新精神，缺乏科研意识，业务素质和文化修养未能同步发展，难以跟上现代教育思想发展的步伐，从而造成了他们对校园体育文化建设的漠视；三是部分体育教师受商品社会不良思想的侵蚀，未能真正树立爱岗敬业和无私奉献的精神，从而造成了对校园体育文化建设的轻视。体育师资队伍建设是一个长期的系统工程，它的周期要比体育基础设施建设长得多，难度大得多，因此加强长江大学体育师资队伍建设仍然是一个不容忽视的问题。

三、大学校园体育文化的发展策略

（一）加强校园体育制度文化层建设

高校体育制度文化层是联系体育精神文化层和体育物质文化层的中间层面。高校要构建自己的学校体育文化，就要认真贯彻落实各项体育法规，改进管理理念和管理手段，并根据学校的具体情况，因地制宜地制定相关的政策和实施办法，只有这样才能使高校校园体育文化具有强大的生命力和鲜明的时代特色。要从优化高校的体育教学，优化体育教学内容和优化体育教学方法，手段入手，大力推广"问题教学""发现教学""游戏教学""兴趣教学"等新方法，同时，利用现代化的教学手段以优化高校的体育教学，形成国内特色的公共体育教学模式。

（二）加强校园体育物质文化层建设

高校校园体育物质文化层是高校体育文化建设的基础。一所高校的体育场馆及内部的器械布置，体育建筑的风格，学校所处的地域构成了校园体育物质文化。各高校应把校园体育物质文化建设纳入体育文化建设的整体规划中，使校园体育文化建设成为软硬件相统一，人文与自然相和谐的有机整体。要大力提高场馆的使用率，加大开放的力度，延长开放时间，努力实现场馆资源的有效配置。做到校园体育物质建设既要讲究实用，更要讲究美观和谐，倾注人文关怀，提升文化品位，突显个性特色，激活审美张力，注意层次性，做到有面有点，点面结合，提高校园体育文化的品位。

（三）加强体育文化基础理论建设

1.体育的规范性成分

关于体育的规范性成分，也就是一个民族或国家在长期的体育活动，包括体育研究与发展过程中形成的规范，它对于体育研究与发展具有一定的制约作用，以保证体育沿着确定的方向发展，包括体育文化的继承与创新，都必须在一定的规范下进行工作，以获得主流体育的认同。事实上，任何一种文化的发展，都离不开传统，都是在一定的传统指导下的继承与发展。所以，应该认真研究我国体育的传统规范，包括传统体育与现代体育（奥林匹克体育）的规范，认真总结经验与教训，保留其优秀、合理的成分，包括研究的方法与活动的规范等，同时剔除其糟粕成分与不合理的成分，在继承的基础上发展。

2.体育的启发性成分

关于体育的启发性成分，也就是在各种文化与各种社会活动的启发下，或在国际体育交流、冲突域碰撞、融汇过程中受到的启发，促进体育新的发展。应该积极吸收各种文化，包括中国传统文化与西方文化的优秀成分，并在它们的启发下对体育文化进行创新。在传统基础上的创新是中国传统体育走向繁荣的正确道路。

3.体育的文化价值

关于体育的文化价值，更应该关心的是体育与社会文化的互动，以及体育在人的发展过程中对人的精神与思想所起到的潜移默化的"养成"作用。例如，作为一种文化，体育在建设国家文化软实力方面就具有非常重要的作用。体育与政治、经济、科技、社会、理性等有着千丝万缕的联系，互相促进。特别是随着社会经济的发展，人们的余暇时间越来越多，文化的发展就越具有重要意义。而体育文化现在已经是一种主流社会文化，特别受到青少年的喜爱。所以，必须加强体育文化价值的研究。

（四）强化体育文化传媒功能

大学校园体育文化的传播因为认识、传统、技术等多方面的原因，远远落后于大学校园体育文化的实际发展。所以，强化大学校园体育文化传媒功能，构建大学校园体育文化传媒平台就成为大学校园体育文化发展的战略任务。

1.以"和而不同"为大学校园体育文化传播的指导思想

跨文化传播必然是双向互动的，而跨文化传播成功的关键就在于传授双方有多少"共同的意义空间"。在目前大学校园体育文化"软实力"还不适应我国体育发展、传统体育文化很少被国际上认知的背景下，除了提高大学校园体育文化的"强实力"之外，应该制定出适合大学校园体育文化传播的指导思想。由此，我国传统哲学中处理各种不同关系的"和而不同"原则就应该成为大学校园体育文化传播的指导性思想。就是说，在大学校园体育文化的传播过程中，既不应该完全接受西方体育文化，也不应该过分强调"体育本土化"，而是坚持文化的多元融合。在体育文化的传播过程中，首先应通过在两种不同的体育价值观念与文化体系中寻找彼此之间的交汇点，并由此出发努力扩大中西体育文化的"共同认识空间"，并通过塑造我国体育的正面形象来构筑中西体育的"共同意义空间"，从而使得体育文化传媒是有效的。

2. 以"协商竞争"为大学校园体育文化传播的基本态度

一般来说，人们应对跨文化冲突的文化取向有以下五种：回避、让步、妥协、竞争和协商。竞争与协商也是最能体现"和而不同"思想的一种态度。所以，在大学校园体育文化的传播中，应该充分利用西方文化传统中这一有利因素，与西方体育文化展开舆论上的竞争与辩论。另外，"文化之间的冲突不一定只带来冲突，相反，文化的多样性可以使得不同国家的人们相互借鉴对方的文化，文化的差异性也恰恰决定了文化之间的可交流传递性，将跨文化冲突公开化反而有助于实现自己的愿望"。"要充分利用跨文化冲突中的矛盾性和对抗性对世界传媒具有的天然吸引力，坚持自己的信念和原则，在直面跨文化矛盾中旗帜鲜明地进行争论和澄清，向西方展示我们自我言说的权利和能力，让西方听到我们自己的声音"，从而将矛盾转化为大学校园体育文化的传播机遇。"协商是指以商讨和加强信息沟通的方式，来增进双方的相互了解程度，使跨文化冲突得以解决"。所以，应该加强对这些体育文化的研究与创新，并大胆进行竞争，必能取得好的效果。在这里，一是要注意突破过去的以意识形态划界的做法，只与和我们关系友好的国家交往，而不与其他国家交往或交往较少；二是要注意突破"谁得罪过我，谁反驳过我，我就反对谁"的思维模式，积极主动地与西方媒体交往，大胆地进行协商与竞争，宣传我们的体育价值观与体育文化，在辩论中明是非，在辩论中交朋友，在协商中寻机会，促发展。

3. 以积极主动的姿态进行大学校园体育文化的传播

我们应该以开放的态度积极主动地与西方媒体打交道，为大学校园体育文化争取更多的话语权。对于中国传统体育文化，要积极研究其容易为西方人接受的方式，在保持其文化精髓的前提下尽量以西方人容易理解的方式进行编排与创新，并以尽可能翔实的文化材料提供给西方，全面向西方展示中国的传统体育文化，扩大影响。在体育文化的传播过程中，一定要采取积极主动的态度，绝不能被动挨打，既不能被动抵制西方体育文化的传播，也不能仅仅是碰到别人对我们的请难才去说明，更不能采取完全倾向于西方体育文化的态度。另外，要对所有的体育运动员与体育官员、工作者进行体育文化传播的培训，一方面要求他们树立中国体育人的正面形象，树立中国体育文化的正面形象；另一方面，利用他们在国际体育活动中的机会积极传播中国体育文化。

4. 积极建立大学校园体育文化传播平台

2008 年北京奥运会，大学校园体育文化的传播就是一次成功的尝试。应该借鉴北京奥运会的传播经验，并学习与借鉴外国的体育传播的经验与教训，建立一个国家级乃至世界级的体育文化传播平台。当然，也可以吸引或与国外的传媒机构合作，以交流与合作的方式进行相互的传播。目前大学校园体育文化的传媒更多的是转播西方体育赛事，而对中国体育活动传播不多，而传统体育的传播则更少，基本上可以说是忘记了中国体育传媒的主要职责。必须花大力气纠正这一现象，逐渐地使中国传媒工具成为中国体育文化传播的主战场。

（五）强化大学校园体育文化体系建设

体育文化的发展，必须要有一个和谐的文化体系与发展模式。大学校园体育文化要实现转型，减少文化冲突，就必须对体育文化的各团体文化进行合理的定位，这也是文化体系建设的一个必要部分。

所谓学校体育文化为基础，就是要加强学校体育文化教育，使得所有学生不仅在体育活动中打好身体基础，而且要养成积极参加体育活动的好习惯，熟练掌握基本的体育活动技巧，并形成一到两个体育项目特长，使得他们在走人社会后不仅是体育活动的积极参与者，而且能成为体育活动的带头人、指导者。同时，要在学生中，特别是中小学生中发现好的体育苗子，经过培养后能够成为竞技体育或商业体育人才。这里要注意的是，应逐渐地改变依靠各级体校培养体育人才的思路，转变为以学校体育为主要的体育人才，包括专业体育人才的培养基地。这样可以避免由于运动员过早地从事体育活动而耽误了知识学习的缺陷，使得运动员退役后能够与其他学生一样很快适应社会。要向西方学习，发展学校体育俱乐部，并从此带动学校体育发展。学校体育活动一方面要通过立法来保证；另一方面也要通过宣传让广大教育工作者与家长意识到学校体育教育的重要性，自觉督促学生参与体育活动，而不是拉后腿，使反劲。

第五章 校园体育文化发展与传播

第一节 校园体育文化的发展现状与趋势

一、校园体育物质文化的发展现状

物质文化是校园体育文化发展的基础保障，缺少这一物质基础，体育活动无法正常运行。校园体育物质文化内容丰富，具有代表性的有体育建筑、运动设施、运动器材、体育雕塑、体育吉祥物、体育标语、体育图书、体育音像资料等，这些内容凝聚和展示着校园全体师生员工的知识与智慧。这些客观的外在实物在潜移默化中深入学生的内心。这些体育物质实物都是具有实际作用的，如体育建筑、设施、场地和器材等都是师生参与体育教学活动和课余体育活动的重要场所和载体，是改善和提高学生物质文化生活的基础设施，其建设状况、设计水平和文化内涵反映了学校校园体育文化的发展水平。

（一）校园体育场地设施现状

体育场馆、器材等设施是体育教学活动开展的基本载体，因此，其质量状况直接影响校园体育文化的发展。

高校是学术和技能的最高水平的代表，因此，宝贵有限的教育资源大都集中在高校。体育资源作为稀缺教育资源，在高校中也得到了充分的补充和建设，因此，在分析校园体育物质文化发展的现状时，特选择了高校作为代表。

通过对部分高校进行实践考察和调查统计后发现，多数高校的体育场馆、器材不仅不能达到教育部规定的相关标准，而且也无法达到满足体育教学、课外体育甚至运动训练和竞赛需要的要求。这势必会阻碍校园体育文化的整体发展。

正是由于优质的体育物质资源有限，所以这些资源主要都用于学校官方的体育教学和运动训练，这就必然导致了课余体育锻炼中场馆器材的紧张和不足，这样的校园体育物质条件根本无法有效培养学生的体育健身意识和习惯。

经过走访与调查了解到，造成当前我国大学体育场馆、器材不足的原因主要有以下几个方面。

（1）我国幅员辽阔，因此在经济发展的过程中难免会出现地区不平衡的情况。在此情况下，各地各级领导对大学体育的任务、目的、地位的认识有诸多偏差，甚至毫不重视高校体育文化的开展，放任自流，这种态度使高校不注重体育方面的投入，因此体育场馆、器材难以使学生的体育需求得到满足。

（2）高校为追求短期利益和荣誉，提高知名度，往往重眼前、略长久，以牺牲大部分学生的长远发展换取学校在高等教育市场中的有利位置。另外，盲目扩招也使高校体育优质资源变得紧张。

（3）许多高校的体育场馆、器材比较齐全，但是在运行过程中由于对设施的维护保养费用支出表现出过度恐惧的一面，因此便以减少向学生开放的次数，甚至不在重要时刻根本不开放的方式应对，这也是高校体育场馆、器材不能满足学生锻炼所需的一个重要原因。

（二）校园体育物质环境现状

校园体育物质环境直接影响学生的体育兴趣和体育参与动机。学生体育价值观念的可塑性很强，他们对体育价值的认识还处在表层、初始阶段，充满活力的校园体育氛围和良好的体育环境本身就具有一定的教育功能，这些有利因素可以培养学生正确的体育观念，提高学生的体育文化素养。因此营造良好的体育教育环境，尤其是具有感官最佳刺激效果的校园体育物质环境，能够潜移默化地促进学生体育文化素养的提高。

调查发现，大部分高校还未形成良好的体育物质文化环境，还未形成体育物质文化环境的创造意识。在现代信息化社会环境下，学生主要通过体育图书资料和网络资源来了解和接触体育相关信息，但是只有少数高校会将学校的体育信息主动放到校园网和学生论坛中。

在调查的部分高校中，只有少数几所有体育雕塑，在校广播和宣传栏中宣传相关体育信息的高校以及在校园官方网站上登载体育新闻的高校寥寥无几。可以说，当前大部分高校都缺乏体育物质文化环境的主动创新意识，体育宣传途径少，宣传方式单一，宣传意识和力度差，可以想象，这样的环境很难促进校园体育教育目标的实现，因此校园体育文化建设的目标也就更难实现了。为了改变这种不利现状，在当前环境下，体育部门领导和教师主动与团委、宣传部、学生处、基建处等职能部门协调，加强校园体育物质环境建设是最可行、最直接的方法。

二、校园体育精神文化的发展现状

实践证明，如果拥有良好的校园体育文化氛围，则可以使校园变为一个在一定区域内集成的具有普遍自觉性的体育文化小群体。每一个身处在这个小群体中的人都普遍具有相似的体育观念和体育行为。而更多加入这个群体的人均会被这种氛围所感染，受其影响小群体的新人也会接受这些良好的体育观念和体育行为，进而会有很多人被吸引到这个群体之中，最终充分发挥与实现体育的教育等功能。由此可见，校园体育精神文化是校园体育文化的核心。

下面主要从体育观念、体育道德以及体育精神等方面来探讨校园体育精神文化的发展现状。

（一）体育观念现状

体育观念指的是体育教师与学生对体育在健身、娱乐、心理素质提高、智力培养等方面价值的认定。如果体育观念正确，则可以指导体育教师和学生在校园中采取恰当的体育行为。也就是说，体育教师和学生对体育在健身、娱乐以及在心理健康促进、智力培养等方面所体现出来的价值认识程度如何，直接反映了其体育观念。

调查发现，大多数学生可以比较正确地认识体育的价值，但详细访谈后发现，广大体育教师和学生对体育观念的认识大多停留在传统上和表面上，对于体育对人的深层次影响，很多人还是表达不清，无法完全领会。此外，很多学生甚至是体育教师都无法清楚阐明体育观念的具体内容，只有少数师生可以将持有的体育观念付诸行动。调查中还发现，很多离退休职工在晚年生活当中，由于认识到了体育对于身心健康的重要性，反而能够对体育在人的生理、心理健康中的作用、方法等有一个较为清晰的掌握，并且长期坚持体育健身的离退休职工占有相当高的比例。离退休职工采取的健身方式主要为晨走、散步、秧歌舞、跑步、健身体操、太极剑、太极拳、太极健身球等。

总而言之，学生的体育观念较为正确，但是缺乏内涵、基础不扎实。令人欣慰的是，学生的可塑性很强，只要稍加引导，并对相关内容加以辅导和学习，就可以使其理解体育乃至体育文化中更深层次的内容。而在当前社会竞争日益激烈、校园体育与社会体育日益接轨的环境下，学生的体育观念如果仍停留在原有基础上，就很有可能会失去对体育运动的兴趣，更严重的是，如此一来校园体育精神文化环境的建设与发展也只能停留在表面，无法取得深远发展。

（二）体育道德现状

在现代社会中，道德危机带来了比新技术和新知识更严重、更紧迫的挑战。随着现代社会财富的急剧增加，贫富差距的急剧加大，人们的心理状态发生了较大的转变，如心理失衡、道德沦丧，因而在现代社会中，道德培养对于学生而言极为重要。实践证明，校园体育文化对提高学生体育道德具有独特的作用。学生的道德水平在体育运动中可以有所体现，因此便有"要想打好球，先要做好人"的语言。体育道德能够反映学生整体人文素质状况的一部分，学生在体育运动参与过程中体现出的道德水平非常真实和客观，是学生对体育内在意识、观念及价值等的具体表现形式。尤其是在团队性体育运动中更是展现得淋漓尽致，如在足球比赛中可以通过学生的责任感、公平意识、规则遵守情况等观察学生的体育道德情况。

访谈发现，我国大学生体育道德基础较好，道德水准较高。主要表现在体育运动中基本没有功利主义色彩，能够按照公平竞争、团结友爱、遵守规则、重在参与的原则参与比赛，并且表现出强烈的集体荣誉感和爱国主义精神。学生普遍表示在体育竞赛中他们最希望能够实现的是体育公平竞争、重在参与、裁判公正、团结一致，在体育活动和锻炼中他们最希望实现的是机会均等、互礼互让、积极参与、遵守纪律、表现自我、实现自我。学生参与体育活动，重在锻炼、学习，提高素质，他们较为单纯，没有社会上世俗的功利心态，在这种环境中能够有效培养和提高学生的体育道德素养。但是，我们也应该认识到，在开放的校园环境中，学生会因为受到家庭、学校、社会等各种复杂因素的影响，而在体育道德方面表现出一些不足，如学生在体育运动表现出来的自私自利、缺乏责任感、缺乏团结合作精神、以自我为中心、不尊重裁判等。因此，我们要根据当代学生所处的成长环境，切实深入了解他们的成长经历，了解他们的心理需求，对其进行科学合理的体育道德法制教育，充分利用体育文化氛围来感染和影响他们，从而促进其体育道德水平的提高。

（三）体育精神现状

体育精神包括竞争、拼搏、意志品质、团结协作、奉献、遵纪守法和创新等精神。这些精神对学生的终身发展十分有益。在校园体育文化建设中，奥林匹克文化是非常有必要提及的一个内容，向学生弘扬奥林匹克精神，促使他们也将"更快、更高、更强"理想作为人生的追求。此外，学校对学生公平竞争、拼搏奉献等精神的培养，也都无一例外地体现了校园体育文化对学生体育精神涵养的要求。

校园体育精神的培养直接受学校体育传统、地域、民族以及学生性别等因素的影响。其中学校体育传统和学生性别的影响最大。比如，在校园中，男生在体育运动中的拼搏精神和认真程度通常高于女生，当然这与男性争强好胜的天性有关。而女生则在体育运动过程中体现出更强的意志品质，这也与女性天性中的隐忍与韧性强度较高有关。再者，体育传统较好的学校能够积极培育学生的体育精神，相反，在尚未形成体育传统的学校，学生感受不到体育精神的渗透，感受不到校园体育给他们学习与生活带来的影响。

另外，在体育运动中大多数学生可以做到遵守规则、服从裁判和尊重对手的要求，但另一方面他们在体育运动中的创新能力较弱，使他们的体育活动看起来就是规规矩矩的活动，这显然不利于他们创新思维的发展。因此，在今后的校园中应当营造强烈的体育创新文化氛围，要求学生在运动过程中积极思考，发挥自己的聪明才智与想象力。

三、校园体育制度文化的发展现状

校园体育制度文化是校园体育组织形式和体育意识的集中体现，其内容丰富，可以说，几乎所有与体育教学活动有关的事物都有体育制度的存在，它的作用主要是制约和指导正确的体育活动行为。

校园体育活动的有序开展需要有相应的管理制度作保障，因此，一个完善的校园体育管理体制和健全规范的体育规章制度无疑会成为校园体育文化建立和发展的保障，同时这也是校园体育文化管理和文化活动的准则。在活动中，它成为约束与规范学生体育行为的基本原则，也正是由于受到这些体育制度的约束，学生才能在这种"局限"下慢慢养成依规行动的意识和习惯。现代社会本来就是各种规矩林立的社会，在社会中，法律就是制度，因此校园体育制度文化有利于培养学生的社会适应能力和遵守公共道德的素质。为了更加全面地了解校园体育制度文化对校园文化发展的影响，下面主要分析校园体育传统和校园体育制度的发展现状。

（一）体育制度现状

为了保障各类体育文化活动的顺利进行，需严格制定和实施校园体育规章制度，因此要协调安排各部门、各层面校园主体的工作，最大限度地发挥相关人力、物力和财力的作用。

调查发现，高校基本具备国家下发的成文制度，大多数高校能够根据本校的体育教学、校内体育竞赛、运动队训练和竞赛、体育教师管理、场地器材设施管理等方面的需要建立相应的体育制度，但很多高校的体育制度文件内容基本相同，没有以自身现状为依据建立更加具有针对性的制度，已制定的制度也无法充分落实，这就难以保障体育工作的顺利进行。调查中还发现，少数学校因为不重视体育工作，并没有按照国家学生体质健康标准的相关要求进行体质测试，测试成绩也并未纳入学生评优和毕业要求中，存在严重的造假现象。总体而言，虽然高校基本具备国家下发的相关体育政策文件和维持学校体育工作的体育制度，但随着校园体育工作现代化、信息化、社会化发展趋势的加强，高校的体育制度已远不能满足当前需求，因此需进一步宣传与强化依法治校的观念。

（二）体育传统现状

体育传统是指学校在体育方面形成的一种带有普遍性、重复性和相对稳定性的体育行为风尚。

校园体育传统活动的主要内容主要包括校级运动会、校内学生体育联赛等。大部分学校重视课余体育训练，针对高水平运动队和普通学生运动队的不同特点，安排相应的运动训练并组织学校运动队参加校外体育竞赛。但是，调查发现，大部分学校并不关注体育节等活动的开展，这反映出校园体育活动组织者还没有形成这方面的意识，而实际上这种体育传统对校园体育文化的建设与发展具有极为重要的作用，值得关注。另外，大部分学校缺乏体育理论选修课的设置，过于注重实践选修课的安排，认为这样才不违背体育课程关于"运动"的本质。而且鉴于实力有限，或者是精力有限，安排的体育专题讲座、体育知识竞赛等活动也是非常少的。

四、校园体育文化的发展趋势探讨

（一）多元化趋势

校园体育文化作为文化的一种具体形式，要适应时代发展，与时俱进，只有这样，才能满足学校发展需要和学生运动锻炼的需求，才能够保证校园体育文化的可持续发展。

学生之间存在明显的个体差异，因此在体育方面的需求也有所不同，原先单一的校园体育文化已无法满足学生的需求，这就要求校园体育文化朝着多元化的方向发展，突破单一型发展模式。

（二）大众化趋势

20世纪90年代末之前，教育的形式主要是推行"精英教育"，随着社会经济的不断发展和进步，这种教育形式已与社会发展的需求不相符，因此，"大众化教育"逐渐取代了"精英教育"，成为当前教育的主流形式。随着我国经济的发展，体育社会化趋势越来越明显，我国校园体育文化大众化的发展趋势也越来越显著。如此一来，高等教育为更多的人所接受，在此契机下，校园体育文化得到更加广泛的发展。

（三）社会化趋势

社会文化环境包含众多要素，对于校园体育文化来说，往往存在学校以自我为中心，片面强调体育在学校自身发展中的地位和作用，过分关注自我价值的问题，简言之，就是严重的自我性问题。

而从当前的形势来看，学校要获得理想的发展，不仅要承担社会责任，同时还要服务于社会，使社会需要得到较好的满足。从相关实践中可以发现，在社会主义市场经济体制从建立到逐步完善的过程中，校园体育文化社会化的速度和趋势越来越显著。尤其是近几年，我国竞技体育实力越来越强，社会体育的推广和普及进一步推动了校园体育文化的社会化趋势。

（四）开放性趋势

随着社会经济的不断发展，全球化发展越来越快，我国已经与国际有了较好的联系和交流，因此，在校园体育文化的发展方面，也开始逐渐借鉴国外的一些先进经验。另外，当前包括体育文化在内的各种文化之间频繁交流，文化的碰撞越来越激烈。这就使校园体育环境的开放程度越来越高，因此，校园体育文化的建设和发展也要博采众长，这是一种必然。

第二节 校园体育文化的多元化传播

一、校园体育课的文化传播

（一）传播价值

1. 对校园体育文化起主导作用

校园体育文化建设的基础是教师与学生共同参与。教师与学生是学校一切体育活动的组织和参与主体，因此校园体育文化就一定要围绕他们来展开，否则这种文化就毫无意义，没有存在的必要。现在的学生参与某种体育活动，首先能确定的是他对这种体育运动是感兴趣的；其次他还具有一定的参与该项运动的技能，这种技能不是天生的，而是后天经过练习获得的，由此也就证明了体育文化传播的重要性和意义。而体育课作为校园体育文化传播的重要途径，是学生从小学到大学的必修课程，不管是出于愿意还是不愿意，每个学生都必须把其当成一种学习任务来完成。学生经过长期的累积，自然就能掌握某种体育锻炼技能，而这种运动技能恰恰就是今后他们参与课外体育活动的主要内容。这点是显而易见的，学生参与到体育运动中来，不管其目的是通过体能测试，还是真正喜爱某种运动，想掌握运动技能，体育课堂以及课外体育活动所教会他们的东西都会在一段时间内成为校园体育文化的重要内容。因此，体育课程的文化传播的确给校园体育文化的构成内容带来了不可忽视的重大影响，甚至主导了文化的内容。

2. 增进学生身体健康意识和心理健康水平

当前，随着素质教育理念及"健康第一"观念逐渐深入人心，体育课被赋予了丰富的内容，成为对学生身体、心理、社会适应能力以及卫生保健等全方位培养的有效措施。另外，通过体育课的学习，学生将在和谐、平等、友爱的运动环境中感受到集体的温暖和情感的愉悦；在经历挫折和克服困难的过程中，提高抗挫折能力和情绪调节能力，培养坚强的意志品质；在不断体验进步或成功的过程中，增强自尊心和自信心，并且在人格养成方面形成积极向上、乐观开朗的生活态度。这些可以使他们终身受益。

3. 促进师生交往，有效传递文化

体育课程中的主体包括体育教师和学生。鉴于体育课程由这两大主体构成，因此，体育课程的传播过程基本也就能被看作是一种教师与学生之间相互沟通的过程，而体育知识与技能就是他们沟通的主要问题，而体育课堂就是他们沟通的场合。体育课堂与其他学科教学不同的地方在于，体育教师不仅需要运用语言法作为主要教学方法，还要突出"身教"，以此做到能够更加直观地向学生展示技术动作的目的。

另外，学生作为一种拥有自主权的受众群体，他们本身也参与了校园体育文化的创造与传播，因此，在体育课中，环境对学生的文化传递是双向的，校园环境既创造了一种文化，学生作为环境中的一部分，也在受到感染后将文化价值向外传播。同时，师生间以体育课当作纽带，通过长期接触和交流，感情更加亲密，交往也更加和谐。

（二）传播途径

1. 显性传播

体育课程的显性传播方式较多，体育教师、教学场地与器材等都是其显性传播的主要方式，其中学校的体育硬件最为典型。硬件设施的完备使体育课程不再受到场地限制，好的场地也更能让学生享受体育课带来的精神感受，同时体育教师在良好的场地和器材保障下，也更利于提高自身的课堂组织力和掌控力。此外，随着体育教师专业知识的逐步完善，体育知识传播的质量也得到了提高。器材是学生体育学习的重要辅助工具之一，它是学生完成学习和练习的重要物质基础。适合的器材能较好地促进学生的学习和提高学生的练习兴趣，不当的体育器材会削弱学生的学习和练习兴趣。在体育教学过程中，体育教师的角色较多，他们不仅仅是体育知识和技能的传授者，而且还是体育的"代言人"，是一个能够让学生爱上体育的关键角色，学生通过这一"窗口"可以直接学到很多体育运动技能和体育知识，特别是当前的教学模式发生转变以后，教师不再被当成一种课程实施的"工具"，也不再是课程的"使用者"，而是更加符合学生体育需要，解决学生问题的角色，这对于体育课程的显性传播也非常关键。

2. 隐性传播

（1）通过学生个性传播

目前，体育课程开始实行新课标。新课标中的内容越发注重对学生在学习体育知识与技能方面的需要，不仅如此，还增加了与生活密切联系的教学内容，这使学生的体育学习更加有意义了。如此可促进学生的主动学习和积极思考，有利于展现他们的个性及兴趣，这对巩固他们的主体地位也有很大的帮助。这说明在新课程标准下的体育课的文化传播方式已经不仅仅是教师个人的主观意愿体现，也不是由教学大纲来详细安排，学生的个性及兴趣方向在很大程度上已经决定了体育文化内容的传播，兴趣是最好的导师，只有让学生产生兴趣，才能促使他们乐于和享受参与到体育教学中来，这样的学习才不会感觉到枯燥和无趣。所以，尽管体育课程的内容看似由体育教学管理部门决定，但实际上这些部门在进行相关决定时也会考虑如何激发学生的兴趣和培养学生的个性。

（2）通过优秀体育文化渲染

以乒乓球为例来说明，正是由于乒乓球运动在国际赛场上的优异表现，使其在我国拥有"国球"的地位，这为乒乓球拥有绝佳的知晓率带来了巨大帮助。因此，即便是在经济发展缓慢甚至困难的地区，仍旧可见一些简易的乒乓球台，人们对参与这项运动也是非常热衷。这主要说明了之所以某项运动能够获得广泛认可，还是在于它背后的文化已经深入人心。同理，在一个学校也有它的传统体育项目，在校的学生同样会对其传统的体育项目感到自豪。而在这种深厚的传统体育项目的环境下，学生会很自然地对其产生浓厚的兴趣，至此他们就在潜移默化中受到这种影响，以参与某项运动为荣。如此一来，这样的过程便不再需要某些强制性的规定来约束，取而代之的是完全成为学生受到隐性体育文化渲染的行为，由此便会获得更好的文化传播效果，且这样的传播影响更为深远。

二、校园体育活动的传播

（一）传播价值

1. 丰富校园体育文化

现代学校体育教学活动的功能不再局限于提高学生的身体素质，多项功能的结合使校园体育活动更趋向于成为一种文化的基础。

从文化要素的角度对校园体育文化进行划分，可将其分为意识、行为和物质三类文化。在学校中开展的多种多样的体育活动实际上就是在传播校园体育文化，这是学校体育的基本意义。在此过程中将上述三种文化融入活动中去，就可以对学生进行潜移默化地教育，因此将比强行灌输教育取得更好的效果。

2. 树立终身体育意识

学生时代正是人身体素质的重要成长阶段，在这一阶段抓好体育教育工作，就可以为学生打好身体素质基础，以便使其在未来几十年的社会工作中都能有好的身体与精神状态。这对我国现代化建设非常关键。

（二）传播途径

1. 日常体育活动

日常开展的体育活动具有随意性、普遍性和可选择性。因此这种体育活动方式是学生参与最多的体育活动形式。尽管日常体育活动带有明显的可选择性与随意性，但总的活动宗旨还是要符合体育健身的基本规律，无论如何也不能脱离其"健康思想"的基础，依然在巩固课堂教学内容的同时，通过组织丰富多彩的活动来丰富学生的生活，促进学生体格体能的完善和发展，培养学生的体育兴趣、坚强的意志和良好的社会情感，形成良好的人际关系。

2. 体育文化节

体育文化节是展现校园体育文化的一个重要窗口。体育文化节的活动灵活多样，不仅拥有体育竞赛的内容，同时也举办一些形式较为灵活，更加富有娱乐性特征的体育嘉年华活动。在校师生通过体育文化节不仅享受到了节日的快乐，而且身心得到了良好的锻炼。没有体育特长的学生也能在体育文化节活动中找到适合自己的活动。

组织出色的体育文化节活动，主要通过以下三个步骤进行。

（1）进行体育文化节活动预热。通过预热宣传，使全校成员了解活动内容和组织方式，激发学生的参与热情。

（2）尽量在活动中安排一些师生互动的活动，让教师也成为活动的参与者。除此之外，一些体育骨干学生要积极参与活动的组织策划，聆听学生的意见与建议，使活动更加符合学生的需求。

（3）在活动结束后举办颁奖仪式，评选优胜团体或个人，并进行表彰。在全体师生中开展"我在学校体育文化节中"征文活动，及时交流感受。

三、校园体育文化的网络传播

（一）传播价值

1.使传统传播模式发生了巨变

互联网的优势人尽皆知，因此其发展速度在不断加快。在信息时代，我国民众使用互联网的数量不断攀升，特别是对学生来说，互联网更是成为生活中不可或缺的组成部分。一时间，学生获取体育信息的方式逐渐脱离了报刊、广播、电视，取而代之的是互联网垄断。据中国互联网络信息的统计报告，绝大多数用户在网上最想获得的是新闻方面的信息，而体育信息占了相当大的比例。鉴于网络传播的优势，报纸、广播、电视等传统传播方式受到严重的冲击。因此，为了顺应时代的潮流和发展需要，传统传媒方也在建立网络传输平台，开拓网络辅助传统媒介的新模式，从而巩固自己的传播地位。

2.满足人们对体育信息的需求

要想了解体育，首先要获得体育方面相关的信息。网络可以利用其容量大、互动性强的特点，多角度、多侧面、全方位地为受众服务，满足人们对体育信息的需求。互联网可以全方位、多角度、动静结合地对体育赛事进行立体式报道。网民可以通过互联网找到有关比赛项目的详细介绍，包括历史、规则等与之相关的体育信息。这点在校园学生群体中更是如此，他们对体育信息的需求量更大，获取及时信息的要求更高，这些需求都能够通过互联网得到满足。

（二）传播途径

1.建立体育论坛

体育论坛在现代网络中是非常常见且成熟的用户交流平台。体育运动多种多样，学生可以根据自己的爱好在不同"社区"参与问题讨论。在校园体育文化发展中，体育论坛也可以作为师生沟通平台为师生提供服务，甚至可以成为继续教学的平台，如教师可以在论坛里发布学生自我训练计划等。通过讨论，学生会把自己的想法呈现给体育老师和同学们，体育老师会对学生的观点做评述并提出合理的建议。这样能使师生之间加深了解，增加他们的感情。同时，在体育论坛中，学生提出的一些问题教师应该得到重视，并将此作为建设优秀校园体育文化的信息反馈，学校再以此对校园体育文化进行针对性的建设和完善。如此更能够使校园体育文化符合学生需求，从而促进校园体育文化的健康发展。

2. 建立专题性体育网页

体育教学课堂是校园体育文化的重要组成部分。除一些体育专科院校外，其余大部分学校体育教学的主要目的在于普及体育知识，指导学生掌握基本的体育运动方法和卫生急救常识，教学内容更加趋向大众化。当然，这种教学的程度对于那些对体育有一定深度知识的学生来说显得较为简单。为了弥补这方面的体育教育缺失，更好地丰富校园体育文化，学校就可以在网上建立专题性体育网页。这样可以凭借网络传播速度快、信息量大的特点为学生的体育学习提供服务。建立专题性网页最主要的是突出它的内容专题性。因此，必须对体育信息进行系统分类，便于不同学生查询，如制作体育新闻网页、体育学习网页、体育宣传专题网页等。

第三节 文化强国战略背景下我国校园体育文化传播的新思考

一、文化强国战略背景下，我国校园体育文化传播的要素

（一）校园体育文化的共享性

人类文化发展历史是文化创造的历史，同时也是不同社群、民族、国家文化共享的历史，文化共享的历史与人类发展的历史共短长，共享性是文化发展繁荣的重要因素，文化共享的目的和宗旨是促进文化的发展和繁荣。校园体育文化的共享性是在校学生、教师对体育文化的认同和理解，这是文化传播的基础，只有在这一前提下，校园文化才能传播，这种共享文化存在的形式各种各样，可以是文字、语言、颜色、动作等。例如，红色对中国人来说是表示喜庆，白色表示丧葬，而美国则不一样，红色表示恐怖，白色表示洁净。在校园团体赛项目比赛前，运动员们会围在一起手掌向下叠加在一起，

表示团结加油，比赛时运动员会不断用手掌拳头在胸前击打表示自我加油，当运动员向上伸出食指和中指形成"V"时表示胜利；在运动场周围看到像红旗形的"LN"字母的图案是李宁公司的标志，"大钩"是耐克公司的标志等，如果不了解这些共享文化，就不会明白，就无法顺利交流和传播。同时学生文化层次较高，向往新事物，且能更好理解和接受文化的共享性，因而校园体育文化共享性是校园文化传播的基础。

（二）校园体育文化的传播关系

校园体育文化的传播关系是指校园体育文化传播中发生的联系，这是校园体育文化传播的前提。即使有了共享文化，如果没有这种传播关系，校园体育文化也不会发生传播，而且这种传播关系不可能发生在单个人身上。校园中有体育课、体育比赛、体育社团等，形成一个个关系网交织在一起，当许许多多教师和学生发生联系，组成各种关联的传播关系，才能发生校园体育文化的传播。这种传播关系体现在以下两个方面。

第一，外界与校园间的体育文化关系，方向是双向的，可以是外界信息传向高校校园，也可以是校园向外界传递信息。

第二，校园内部自身的传播关系，是信息在校园内部的自我传递过程。

（三）校园体育文化的传播媒介

校园体育文化的传播媒介是校园体育文化传播的中介、载体和渠道，是校园体育文化传播的工具和手段。一般可以将校园体育文化传播媒介分为人和物两类。

人是校园体育文化的传播者和接受者，同时也是最为活跃的传播媒介，校园中的"人"主要是教师和学生，其主要传播形式是开展体育课、训练课、比赛交流、体育社团等活动。其传播可以是教师本人通过语言或身体动作等向学生传播的过程，同时也可是学生间的传播或学生向老师传播，这种传播是多方面的，可以是单对单或单对多等，传播的媒介是人。另一种传播媒介是物，这种媒介较多，在校园的体育文化中主要有文字、音像和网络三种。文字是语言的物化，是最常见也是最普遍的传播媒介，也是校园体育文化积累和传承的重要手段。音像是学习体育技术和理论知识的视觉化的直接产物。现在网络媒介资源丰富，大量体育网站和地方网站的链接为我们检索体育类信息提供了高效的方法，同时也为校园体育文化的传播与交流提供了一个良好的平台。

（四）校园体育文化的传播方式

校园体育文化传播方式是传播者与接受者相互沟通的方法，是校园体育文化的桥梁。校园体育文化的传播方式很多，不同的过程表现也有所不同。通常有人际传播、群体传播、组织传播、大众传播四种传播方式。

1. 人际传播

人际传播指人与人之间的信息传播，通常是面对面的、不公开的场所的传播，这是最简单的传播方式，这种传播方式在武术、健身操、街舞、瑜伽等项目中常存在，采用"师傅"通过言传身教、手把手指导"徒弟"这种链式的传播形式。这种传播方式的特点是传播缓慢，在信息交流迅速的高校，这种传播方式明显已经不能满足师生对体育文化的需求了。

2. 群体传播

群体传播指信息在群体间进行交流的过程，这种传播的主要特点是传播人群广、传播速度快，校园体育比赛、体育文化节、体育社团活动等均是群体传播体育文化的表现。

3. 组织传播

组织传播指通过有组织、有计划传播信息的活动，如校园体育协会（篮球协会、排球协会、足球协会、网球协会、游泳协会等），这种传播方式具有很强的目的性。

4. 大众传播

大众传播指借助各种现代先进的大众媒介进行传播，如杂志、报纸、广播、图书、广告、电视、电影、手机、网络等媒介，这种传播方式具有信息传播单向流动、信息同时公开、信息传递快捷广泛等特点。

二、文化强国战略背景下，我国校园体育文化传播价值的思考

（一）自我增值价值

校园体育文化的传播必然存在文化增值的价值。学校是学习和传播知识的重要场所，外来的体育文化常常先在高校进行传播，经过高校包装使其更具吸引力，从而使其文化价值进一步强化，这样容易被民众接受。校园文化增值是经过传播者、接受者、传播媒介、群体参与四方面的因素作用而产生增值效应的。任何文化的传播都是传播者以自身的文化价值观念为准绳，在事实的基础上进行文化加工和自己的理解，掺进自己的价值观。

师生是校园体育文化的主要传播者，师生文化水平较高、理解能力较强，如果校园体育文化经过师生对其进行"包装""加工"，其社会的增值价值马上能立竿见影。文化的增值也存在于文化信息的接受者整个反应过程中，当人们接受一种文化价值信息时，总是根据自己的经验重新理解和界定这种文

化信息的价值和意义，传播学中的"使用与满足""选择接受"理论都是以接受者为出发点来研究传播效果。

校园体育文化传播经师生接受后，就会根据自己经验和价值观的理解衍生出多种意义，而达到文化的增值。传播媒介对校园体育文化的增值起到事半功倍的作用。媒体的不断发展，传统媒体的不断更新，赋予了信息更多的意义，这点在校园文化传播方面的作用非常明显。群体参与是校园体育文化增值的重要因素。校园体育文化是人们活动的产物，因而校园体育文化的传播与增值更是离不开群体参与，集体价值观正是在群体参与的基础上形成的。

（二）教育价值

校园体育文化的教育价值主要表现在它的潜移默化，暗示性和渗透性，这种暗示性不同于以教师教授、学生学的单向灌输为主的课堂教育，而是在具体的体育活动中，通过统一的规则、规范的行为、严密的组织和约定俗成的规定，使参加者和观赏者自觉或不自觉地接受体育文化的教育，从而培养良好的意志品质，能提高人们感受美、鉴赏美、创造美的能力。教育是校园体育文化的主要传播方法之一，校园体育文化对于学校体育教育目标的实现和改变学生的生活方式、学习方式以及习惯的养成都起到重要的作用。校园体育文化传播的价值已不再局限于课堂教育，而是不断通过各种体育活动、体育竞赛、体育文化产品、体育精神等活动潜移默化地使学生受到体育教育的熏陶和渗透，不自觉地接受社会主导的价值观念和人生观，摒弃不正确的思想和行为，养成良好的道德品质、生活习惯，从而提升其体育文化素质。

（三）体育文化保护与传承价值

体育文化的传播过程本身就是保护与传承体育文化的过程，体育文化作为一种文化现象，不论对传播者或者接受者，只有成为人们的需要时才能进行传播，人们的意识、心理和价值观制约着体育文化的传播。学校是培养人才的主要场所，校园体育文化虽然是社会体育文化的缩影，但体育文化能够在学校传播是得到政府等有关部门认可的，凡能在学校进行传播的体育文化都是代表当前社会和民族文化的精华，同时体育文化在学校被师生接受后，经过他们对体育文化的理解，掺进自己的是非价值观，形成的体育文化更具有较大的社会认可性，这更容易推动体育文化的传播，无形中也保护了体育文化。

（四）社会调控价值

校园体育文化的社会调控价值是指通过校园体育文化对社会进行调适和

控制的价值。这主要体现在两个层面：一是调适；二是控制。现实社会中，各种文化传播影响了人们的价值观和人生观，这些价值观和人生观不一定都是阳光健康的，特别是高校学生大都刚离开父母独立生活，在受到社会各种文化传播的影响，同时在处理人际关系方面存在各种不协调后，很多同学可能会产生悲伤或轻生的想法。校园体育文化通过各种各样的体育文化活动，拓展了校园内人与人交往的空间，增加了校园情感沟通的渠道，可以很好地改善这种现象，使校园文化进一步健康发展。

社会要健康、稳定发展，必须实行自我控制。在学校可以通过各种体育比赛、体育法规、体育精神、体育道德等体育文化活动的教育，使师生行为、活动稳定在一定的规范之内，保持校园的稳定，同时也可以借此机会培养师生遵纪守法的习惯，使学生以后走向社会能更好地控制自己的行为，促进社会文明发展和进步。

第四节 校园体育文化的现代化发展与创新

一、校园体育文化现代化发展新模式的塑造

（一）平衡校园体育文化中主体需要与社会需要的关系

1. 主体需要与社会需要的区别

校园体育文化主体需要与社会需要之间存在很多的共性，但也有一些明显的不同，具体表现在以下几个方面。

（1）起始目标不同

社会需要的起始目标为国家和民族的发展进步，它的着眼点更大、更宏观。而校园体育文化主体的需要更加细致和具体，就是从校园中师生群体的意识诉求的微观角度出发的。

（2）形成机制不同

社会需要是在遵循社会价值取向的基础上总结总体的共性而形成的。反观校园体育文化主体的需要是将自身作为对象，遵循学生的价值取向，受个人非理性因素的影响。

（3）表现形式不同

社会需要主要表现在宏观层面，这就带有了明显的概括性和综合性。而校园体育文化主体的需要则主要表现在微观层面，带有明显的针对性与具体性。

妥善处理主体需要与社会需要的关系以及明确它们之间的地位关系非常重要。只有这样才能让两者需要相互促进，相互借鉴，共同发展。但实际上，我国更加注重社会需要，忽视校园体育文化主体的需要，这直接导致体育教学在学校中的地位偏低，教学质量较差，不能充分调动主体的积极性，体育教育作为素质教育中的重要组成部分沦为一种形式。

2. 妥善处理主体需要与社会需要的关系

校园体育文化主体对于文化发展的自身需要是促使文化长期、健康与稳固发展的重要保证，一旦这种重视程度降低，校园体育的文化发展就会成为一种形式化的活动与文化，这是一种没有灵魂的实际文化，这就一定会使校园体育文化难以形成一个有序、健康发展的文化系统。

虽然社会需要与校园体育文化主体需要具有一定的一致性，但是如果忽视主体在各个侧面不同层次的需要，也会在一定程度上影响社会需要的满足。校园体育文化主体的需要如果没有获得满足，则很可能就会在心理层面上对这种文化教育产生反感情绪，长久如此的话就会影响社会需要的实现。

校园体育文化主体需要是校园文化发展的重要推动力，而社会需要则是重要的外在影响因素。学生在发展过程中，可了解社会需要的发展动向，并将其内化为自身需要，实现体育文化的发展。

在开展相应的校园体育文化建设过程中，应积极对校园主体文化需要进行分析，了解其生理和心理特点，加强对其的沟通和理解，将满足主体需要作为各项体育工作的重要目的。在开展工作过程中，应将社会需要视为关键的基础，给予充分重视，将其作为评定校园体育文化发展水平的标准，引导其向正确的方向发展。学校应通过各种方式，将社会需要与主题需要融合起来。

（二）协调外部性干预与主体主观能动作用的关系

1. 坚持开放性原则

要想建设优秀的校园文化，首先要关注建设主体的问题。校园文化建设的主体对文化的需要会产生相应的内在动力，促进其主观能动性的发挥，从而提高工作的效率。然而可以看到的是非校园体育文化建设主体的外部干预性的确可以在加快文化建设速度方面取得一些捷径，但要明确这并不是说如此一来的效率就更高。出现这种问题的主要原因是校园体育文化主体自身进行校园文化建设，能够更好地发展能动性，建设的文化体系更加统一，这样学生就更能适应这种文化系统。鉴于此，就需要建设者始终保持开放的态度，积极借鉴外部优秀的文化，将其融入校园体育文化建设中。此外，还要注重对文化主体的整合，实现文化主体素质的发展。

2. 发挥市场调节机制的作用

我国目前正处在社会主义初级阶段，各方面事业都在有条不紊地发展之中。因此，国家也在对教育体制进行改革，不断探索更加合理的教育之道。特别是在人才培养中越发关注市场的作用，即培养人才的依据成为社会的需要，这就是一种典型的市场调节教育的行为。例如，某个行业缺乏相关人才，则学校加强对相关专业学生的培养。政府在其中发挥一定的宏观调控职能。

政府的行政干预会在一定程度上干扰市场的调节机制，从而不利于市场调节机制的发挥。政府应积极履行新的职能，维持市场对人才需求的导向作用，构建新的人才培养模式。

（三）排除主导性制约因素的影响

校园体育文化发展的主导性制约因素主要包括人生价值取向、社会交往模式、价值本位类型、价值思维方式。消除这些制约因素是发展校园体育文化的关键。

文化本身具有两面性，其本身具有好的一面，也有一些文化本身并不符合现代社会的价值观。而要想实现校园体育文化发展的全新模式，就需要坚决抵制这些文化中的糟粕，防止它破坏校园体育文化的健康发展。

二、校园体育文化的传承与创新

（一）文化传承创新与体育教学

1. 体育文化探源

体育运动的产生与人类的生产生活有着紧密的关系，随着时代的发展和文明进程的加快，体育运动与当时当地的政治、经济、文化、军事、教育等因素不断产生交集。这也为体育运动最终成为一种文化起到了必要的促进作用。

体育文化与其他文化形式有相同之处，它们都可以以物质和精神的两种形态进行划分。这里主要说明体育精神文化，它的意义在于既包括体育发展中所特有的精神内涵，又包括历史发展中体育的相关制度文化和行为文化。体育文化源自体育运动实践本身，而当体育文化最终得以形成后其又可以对体育实践做出指导。在体育运动的发展进程中出现的且被留存住的多种特征，如竞技性、娱乐性和教育性等都是体育精神文化的核心体现。

2. 校园文化与体育文化

校园文化以学校教师与学生为主体，校园文化建设不仅要求学生参与，同时也要求教师的组织与参与，从而最终构建出一个以校园精神为主要特征的群体性文化。可见，校园文化的产生与发展始终是与师生关联的，而学校师生不仅是校园文化的主体，同时也是校园体育文化建设的主体。校园文化是一所学校历史底蕴、文化内涵的生动体现，是学校办学综合水平的体现，是重要的软实力象征，甚至校园文化已经成为学生择校关注的标准。由此看来校园文化在很大程度上被认为是扮演着先进文化传播的角色而存在。如果学校没有形成具有本校特色的校园文化，说明它还不具备学校发展的灵魂，这样学校也很难培养学生的人文素养。

体育教学事业孕育了学校体育文化，是学校体育文化的根基。学校的体育教学事业是一个宽泛的词汇，它不仅包括学生必修的体育课堂教学，还包括一切与体育有关的课外活动、业余运动训练等，这些内容共同构成了体育文化的实践基础。现代教育更加注重对学生的全面素质的培养，力求培养出德、智、体、美、劳全面发展的高素质人才。而体育运动作为其中"体"的表现形式，就使体育文化与校园文化结合的落脚点出现在广大师生身上。

校园体育文化是校园文化的一个组成部分，两者的发展轨迹相似，也会在发展中遇到类似的问题。其中尤其是传承与创新中国文化的职责一直围绕在它们的发展之中。校园体育文化会影响该校教师与学生乃至一所学校长期发展的价值观和体育精神，在这种影响下，作为学校活动主体的教师与学生的体育行为也被不断地规范着。体育文化的基本属性明确要求它的作用发挥需要落实到体育精神中来，如此可以将以往更加功利的竞争、对抗等精神转变为更适合学校体育文化推广的更高、更快、更强的体育精神，也能给学生带来更加积极的影响。

3. 学校体育教学现状

当前我国正在大力进行教学改革，其中也包括对体育学科的改革。教育改革的目的是培养全面发展的、综合素质高的、更能够适合现代社会发展需要的高水平人才。在新一轮的体育教学改革中，改革的重点在于培养学生的终身体育意识。这种改革的思路使过往追求运动技能传授的体育课程向着更加全面、更加综合、更加实用的方向转变，以求培养学生的终身体育意识和掌握能够实现这一意识的运动技能。

当前在体育教学改革中，对体育教学目标进行了调整，更加关注学生的心理发展与社会适应力的提高。不过，这种转变在实践中显然没有取得立竿见影的效果。由于长期受传统体育教学思想的影响，新教学目标的实现任重道远。这主要是由于目前我国的学校体育教学存在着两种难以解决的矛盾，一个是教学理念与教学实践的矛盾，另一个则是教学目标与教学硬件的矛盾。

因此，体育教学改革要想获得成功和效果，必须要提出切实有效的方法解决两大矛盾。具体来说，学校体育教学改革对"健康第一""终身体育"的教学理念做出了明确要求，然而在实际当中这与过去一直执行的传统的"三基"体育教学模式产生了矛盾。要想使新体育教学理念得到落实，要改变的就不仅仅是体育课程中的某一个环节，而是全部的环节。但鉴于我国学校体育教学时间短、内容少、教法单一的禁锢，自然就很难在落实新体教改革理念时迅速转变完成。就体育课时短的问题来说，首先就无法满足教学所需，为了压缩教学学时，许多内容只能草草而过，如此必会影响教学质量。另外，新一轮的教学改革提出的理念和要求需要更多体育硬件设施的保障。但对于原本就匮乏的体育资源来说，学校体育的可用资源更是少之又少。没有硬件设施作为保障，体育教学的改革与发展就失去了基础，无法顺利进行。

（二）文化传承创新背景下体育教学的改革

体育教学改革要以体育教学现状及其他相关体育活动为基础，此外还应与校园文化建设相结合。这一切都是为了使体育教学改革顺应体育运动的发展规律。文化的传承与创新本身就是两个互相矛盾的事物，传承是将已有的文化完整地传递下来，而创新则是改变已有的文化，或是改变已有文化中的某个方面。然而，辩证来看，文化的传承是文化创新的基础，文化创新又是促进文化继续传承的根本驱动力。只有在这种相互作用下，传统文化才能在新时代继续闪耀辉煌，焕发出新的活力。而且只有这样，体育教学改革才能够获得不竭的精神动力和智力支撑，并为体育教学改革提供灵活的方法和可靠的平台。

1. 加强校园体育文化建设与体育教学改革的结合

注重对校园文化以及校园体育文化的双重建设可以为体育教学改革带来动力，这也是一所学校增强自身软实力的必然需求。在学校体教改革进行之中，也要随时关注一些人文关怀方面的事物，全面贯彻落实"教育以学生为本"的理念。另外，体育教学改革还要注重对校园体育的多重文化的改革，如校园体育物质与精神文化建设、校园体育制度文化建设和校园体育行为文化建设等。只针对某一元素进行的改革总是会显露出片面性与单一性，最终的改革结果也不会持久。还有一点需要注意的是，对于校园体育文化的建设还不能忽视学校所在地区的民族风俗、地区特色以及学校综合实践活动情况。力求以提升在校学生的身心素质、民族精神为目标，落实切实可行的学校体育教学改革方案。

2. 以文化传承创新推动体育教学改革

要想使学校体育教学改革获得源源不断的动力，就需要文化的传承与创新能够跟上时代的变迁。如此产生的推动作用的原因主要是因为文化的传承与创新可以对体育教学改革中出现的许多问题进行指导和解决。具体来看，文化的传承与创新的首要表现就是能够完善体育教学改革的理念。理念的转变并非易事，只有当社会发展到一定水平或忽然出现某种对体育教学产生重大影响的事件后，才有可能出现理念上的转变，而文化的传承与创新能够为这一问题提供更加符合时代发展需要的答案。另外，文化的传承与创新为体育课程改革的理论方向提供了理论基础。体育教学改革要求将"以人为本""健康第一"的理念与教学内容充分融合，要求突出发挥学生的主体地位，并为学生提供更加舒适的体育学习环境。

3. 通过体育教学改革促进文化传承创新

体育教学改革对于促进文化的传承与创新具有积极的作用。这种反作用力在体育教学改革中主要体现在对我国传统文化在体育事业中的文化内涵与特性、给人带来的综合发展变化以及整合校园文化与体育文化等的发掘方面。

（1）通过体育课程改革可以发掘我国传统文化的特性

体育教学改革是改变现行体育教学多方面因素与问题的行为，同时这也是一种对趋于完美的体育教学活动的改变尝试。这一改革过程能够体现我国传统文化的特性，因此被视为对传统文化进行传承与创新的一种间接的手段。

（2）体育教学改革可促进学生综合素养的提升

学生是我国未来社会主义建设的主力军，也是我国传统文化的继承人和开拓者。为了让学生能够成功胜任这些角色，需要从学校阶段对其进行全面综合的教育，特别要注重文化素质教育，而体育教学改革能够为培养更加优秀的社会主义接班人打好基础。

第六章 民族传统体育文化

第一节 民族传统体育文化的基本理论

一、民族传统体育的概念与特点

（一）民族传统体育的基本概念

1. 民族的概念

概念反映事物的特有属性，概念的准确性对人们对事物的认知程度有着直接的影响。对于"民族"的概念，国内外很多学者都对其进行了研究。

在国内，第一个使用"民族"这一词汇的是梁启超。1903年，梁启超在译介布伦奇理的民族定义时说："民族者，民俗沿革所生之结果也。民族最重要之特质有八：（1）其始也同居一地；（2）其二也同一血统；（3）同其肢体形状；（4）同其语言；（5）同其文字；（6）同其宗教；（7）同其风俗；（8）同其生计。有此八者，则不识不知之间，自与他族日相隔阂，造成一特别团体固有之性质，传诸其子孙，是之谓民族。"孙中山也对"民族"一词进行了解释，他认为："我们研究许多不同的人种，所以能结合成种种相同民族的道理，自然不能不归功于血统、生活、语言和风俗习惯这五种力。"这一解释一直被援引借用，直到1947年出版《辞源》时仍然沿用。但这两种解释具有一定的不科学性，原因有三：一是民族是血缘组织瓦解之后的产物，"血统"不是民族的基本要素之一；二是一个民族往往有几种或多种种族之分，因而共同体质特征也不可能成为民族的基本要素之一；三是宗教和民族不是一对一的关系，一个民族不一定只信一个宗教，信仰一个宗教的也不一定是一个民族。

综上所述，民族就是指一群基于生物特征、历史、语言、文化、行为而与其他有所区别的群体。不过，要注意的是，"民族"一词应指所有历史时期的民族共同体，根据时间段可以分为"原始民族""古代民族"和"现代民族"。

2.民族传统体育的概念

在民族传统体育的产生和发展过程中，不同的研究者对民族传统体育的概念有着不同的认识和理解。

熊志冲认为："中国传统体育是指中华大地上历代产生并大多流传至今和在古代历史长河中由外族传入并在我国生根发展的一切体育活动。"

陈国瑞认为："民族传统体育是指某一个民族或几个民族在一定范围所开展的，具有浓厚民族文化色彩和特征的传统体育活动，它是相对于外民族传入的，现代新兴的体育项目而言的。"

蒋东升认为："民族传统体育是指以人体运动为基本手段，有目的、有意识地以人的身心发展为中心，达到发展身体、娱乐休闲、丰富文化生活、传承民族文化为目的，在我国 56 个民族中产生、传承的社会文化活动的总称。"

邱丕相认为："民族传统体育是指某一个或几个特定的民族历代因循传承下来的，在一定范围内开展的，具有浓厚民族文化色彩和特征的竞技娱乐活动。"

崔建功认为："民族传统体育特指包括汉民族在内的中国各民族在长期的历史发展过程中逐渐形成、继承和延续的富有民族文化色彩和特征的体育活动。"

倪依克认为："民族传统体育是指某一个或几个特定的民族历代因循传承下来的，在一定范围内开展的、具有浓厚民族文化色彩和特征的竞技娱乐活动。"

龙佩林等认为："民族传统体育是指作为近代体育前身的一些民族民间传统的体育及娱乐活动。我国的民族传统体育包括汉民族传统体育和少数民族传统体育。"

还有的学者把"民族传统体育"界定为"在中华大地上产生并流传至今的，和在古代由外族传入并生根发展且有中华民族传统特色的体育活动"。

而 1989 年出版《体育史》一书却将"民族传统体育"界定为"近代以前的体育竞技娱乐活动。对我国而言，指近代体育传入前我国存在的体育模式，即 1840 年前，我国各族人民已经采用并流传至今的体育活动内容、社会表现方式与价值观念的总和"。之后的《体育人类学》认为"民族传统体育"是"某一个或几个特定的民族在一定的范围内开展的，还没有被现代化，至今还有影响的体育竞技娱乐活动"。而《民族体育》则认为"民族体育是指具有民族特色的体育活动"。

根据上述相关概念及其特性的分析，本书将民族传统体育定义为：某一个或几个特定的民族在一定范围内开展的、历代因循传承下来的、具有浓厚民族文化色彩和特征的竞技娱乐活动。

（二）民族传统体育的特点

民族传统体育作为中华民族优秀文化的重要组成部分，是人们长期实践和不断积累的结果，在历史发展进程中，民族传统体育受地理环境、社会生产、生活方式、文化水平以及宗教民俗等影响，逐渐形成了鲜明的特征。

1. 民族性

民族性是指民族传统体育的形成与发展过程中各民族社会生活的综合反映。中华民族是一个多民族的国家，民族传统体育也是不同民族在长期的生产实践和社会活动中创造出来的，带有鲜明的民族特色。

我国是一个多民族的国家，各民族都有具有自己独特民族色彩和民族风貌的传统体育项目，这也在很大程度上丰富了我国民族传统体育的形式和内容。而这些众多的民族传统体育项目作为蕴含着强烈民族气息和内涵的文化形式，自然也带有强烈的民族性特征，成为本民族和地区文化的象征。如藏族的赛牦牛、纳西族的东巴跳等都是其他民族所没有的。即使是同一体育项目，也各有其民族特点。例如，维吾尔族式摔跤"且里西"、彝族式摔跤"格"、藏族式摔跤"北嘎"等，虽然都是民族式摔跤，但比赛方式和规则都各不相同。

不同的民族体育项目由于其开展的地域、环境的不同，自然也会深受开展地区和环境的民族语言、民族性格、风俗习惯、生活方式、宗教信仰等的影响，在民族体育的精神、要求等方面表现出不同的差异，这也使得民族传统体育文化呈现出相对的独立性，而这种独立性实际上也是民族传统体育文化民族性的一个展示。

2. 地域性

某一民族传统体育项目的形成必然是在一定的民族区域范围内，经过长时间的发展而逐渐形成的。而民族区域环境内的自然条件、文化背景等的不同，也使得这一民族传统体育项目带有一定的地域性特色。例如，世居北方的蒙古族，过着随草逐迁的游牧生活，他们善骑射，这也使该民族形成了以赛马、射箭为主要内容的民族传统体育项目。而对于世居南方的苗族，主要生活在"八山一水一分田"的云贵高原地区，该区域内山脉河流众多，因此也形成了抢花炮、赛龙舟、爬杆、射弩、打陀螺等适合在山间盆地开展的传统体育项目。这些传统体育项目的不同，实际上也反映了民族传统体育的地域性特点。

造成民族传统体育地域性特色的原因主要包括以下几个。

（1）地理环境

地理环境的不同是造成民族传统体育地域性的主要因素。具体来看，各民族所处的地理环境以及地理环境所带来的自然条件不同，加之交通不便、信息量少、受经济自给性和地方封闭的影响，其民族传统体育自然带有十分明显的地域性，人们常说的"北人善骑，南人善舟"就是这个道理。例如，藏族生活于青藏高原上，这里独特的地理环境以及民俗风情，也感染了藏族的传统体育项目，其抱石头、北嘎、押加、拔河、赛牦牛、谷朵、掷股子、踢毽子、赛跑等大多带有粗犷、勇敢的特点。而满族生活在"白山黑水"的东北地区，这里森林茂密，山间河流纵横，因此狩猎与采集成了该民族生产方式中最重要的内容，这也成为满族民族传统体育项目（如采珍珠、赛威呼等）的反映。

（2）生产方式

各自区域自然环境独特，生产方式也有别，很容易就造成了各民族间体育差异。例如，从事畜牧业生产的蒙古族、哈萨克族等，得天独厚的生产、生活方式创造了赛马、叼羊、骑射等马上骑术项目。苗、侗等少数民族，在以小农经济为主的农业生产中，牛的作用较大，因此保留了在节日里"斗牛"的风俗。另外，畲族的赛海马、登山，高山族的投梭镖、挑担赛、舂米赛，壮族的打扁担等都来源于当地人民的生产劳动。

（3）人文环境

人文环境也是造成各民族传统体育地域化差异的一个重要因素。这些人文环境主要包括民族文化、风俗习惯、民族心理等。例如，北方人崇尚勇武，因此，在北方地区，力量型民族传统体育项目较多，如摔跤、骑马等；南方人性格较为平和细腻，善于思考，因此，在南方地区，心智类和技巧类民族传统体育项目较多，如爬油杆、上刀杆等。

3. 交融性

在数千年的发展过程中，民族传统体育形成了独具风格的文化体系，逐渐成为一个相对封闭而又开放的系统。而在民族传统体育形成与发展的时期，随着各种不同类型文化模式的碰撞与交流，社会的进步、文明程度的提高，以及各民族之间交流与渗透，民族文化得到进一步融合，而在此过程中，民族传统体育自然也会得到相互交融、互相学习，从而体现出某些共融性的特点。

4. 文化性

民族传统体育是我国传统文化的重要组成部分，它的产生与发展与民族文化、民族风俗一样与各民族地区人民的政治、经济、文化生活息息相关，蕴含着各民族不同的历史文化气息，因此可以说，它也具有文化性的特征。

举例来说，舞龙运动作为龙文化的主要表现形式，是在"龙文化"的大背景下，经过人们不断加工和创造，发展至今的一项内容丰富、形式完美、表演技巧高超并带有浓郁民族色彩的体育竞技运动项目。舞龙运动是我国几千年祖祖辈辈传承下来的一种重要的文化形式，通过舞龙运动使广大民众在舞龙中，体验到对华夏民族一定程度的亲切感和归属感。正是中国传统文化的渗透和影响，才使得民族传统体育彰显出"刚健有为""中庸思想""天人协调"等文化特征，这与当代西方竞技体育的体育思想和方法完全不同。

5. 传承性

传承性是民族传统体育在实践上传承的连续性，同时也是民族传统体育活动的一种传递方式。作为文化的传承应该包括两部分，即物质的传承和非物质的传承。

民族传统体育作为一种非物质文化的表现形式，只有通过口传身授的方式进行传承，才能使某种民族传统体育项目得以世代相传，在自然淘汰中逐渐形成一种相对稳定的文化传统或文化模式。总体上讲，民族传统体育的传承方式主要有群体传承、家庭（或家族）传承和社会传承三种。群体传承项目，如在各种风俗礼俗、岁时节令，以及大型民俗活动中所保留的民族传统体育活动的影子。家庭传承项目和社会传承，则主要表现在武术等一些专业性、技艺性比较强的项目。

6. 多样性

受我国地域辽阔、风俗各异等因素的影响，中华民族的各个民族都有自己的传统体育项目，而将所有的传统体育项目加在一起，数量近乎1000个，可见我国民族传统体育项目的数量之多。这些数量众多的传统体育项目也充分展示了我国民族传统体育的多样性特征。

另外，我国各民族传统体育动作结构各异，技术要求也不同。舞龙、舞狮、龙舟竞渡、扭秧歌、拔河、风筝、武术、打陀螺、马术、踩高跷、荡秋千等各种活动都具有各自不同的技术特征。民族传统体育项目中，有按竞赛规则规定的比赛场地、器械以及其他特定的条件进行的智力、体力、心理、技术、战术等方面的竞技体育活动，也有以养生、健身和预防疾病为目的的导引、太极拳、气功等，还有富有趣味性、轻松愉快的各种民族舞蹈、围棋、钓鱼等娱乐性体育。而这也表现了我国民族传统体育的多样性特征。

7. 娱乐性

大多数民族传统体育项目在形成最初主要是以消遣娱乐为主要目的的，

而在正式形成后，又受其所处地域、民族等的影响，成长为具有一定模式的民族文化活动。因此，可以说，民族传统体育是人类在具备起码的物质生存条件的基础上，为满足精神需要而进行的文化创作。例如，秧歌就是一种自娱自乐的体育活动，人们主要在农闲时或节日当天扭秧歌，以此表达自己的喜悦心情。再如，苗族、壮族、彝族、瑶族和布依族等少数民族的人们喜欢打铜鼓，打铜鼓的同时伴以歌舞，用歌舞来辅助表演动作，风格淳朴，传达出浓郁的民族特色和欢快的气氛，这些体育活动受到各民族的欢迎，为节日增添了喜庆色彩。

8. 传统性

民族传统体育是民族世代相传，经漫长的历史岁月，沿袭发展而来的，它一般具有传统性的特征，而这一特征主要表现在以下几方面。

（1）民族传统体育即使受到冲击也很难改变，能顽强地保存下来。

（2）民族传统体育由于流传了较长时间，因而有广泛的群众基础，被社会所承认。

（3）民族传统体育有浓厚的民族特点，并带有本民族传统社会经济形态的烙印。

（4）民族传统体育通常是该民族的传统文化标志之一，具有民族凝聚力。

9. 不平衡性

在自身发展的过程中，民族传统体育会受到许多来自内外部双重因素的影响和制约，在发展形态、流传范围等方面，表现出明显的差异。其中，对民族传统体育造成影响的内部因素包括活动的组织形式、参与人数、社会功能等；外部因素主要来自自然环境和社会领域两个方面。这些因素纵横交错，参差不齐，最终导致了民族传统体育发展程度的不平衡。

具体来看，民族传统体育的不平衡性主要表现在以下几方面。

（1）流传范围的不平衡

根据开展区域和参加人数的两个标准，大致上可从流传范围的角度将我国的民族传统体育分为在全国范围广泛开展并拥有一定国际影响的项目；在某个民族聚居区广泛开展，但尚未流行于全国的项目；仅在某一地区、很少一些人中开展，而不被广泛了解与实践的项目三类。其中，第一类如武术、摔跤、毽球、舞龙、舞狮等，是我国民族传统体育中最重要、最典型的组成部分；第二类如藏族的赛牦牛、维吾尔族的叼羊、苗族的打毛健等，是我国民族传统体育中富有民族风格的组成部分；第三类较少，目前已不多见，是民族传统体育中亟待发掘和整理的内容。

（2）发展形态的不平衡

不同的传统体育项目在发展形态上也呈现出明显的不平衡性，其中发展得较好的如武术、摔跤、围棋等，不仅已形成了一种规则系统化、模式固定化、活动人群常规化的成熟体育形态，而且开展得较为频繁；发展得一般的如木球、抢花炮、珍珠球等，仍然只在小范围内流传，但却呈现出多民族共同参与的趋势。

10.竞技性

早在我国原始社会时期，就已经出现了民族体育的萌芽。到了先秦时期，民族体育被运用到培养锻炼士兵体能的过程中，而为了增强锻炼的效果，民族体育的竞技性得到了进一步的发展，这一方面显示了人类在自我生理锻炼上的发展，另一方面也满足了人们的竞争心理及实现自我价值的需要。例如，赛马、叨羊、射箭、赛龙舟等，都充满着激烈的竞技性特点。

二、民族传统体育的内容与分类

民族传统体育有着丰富的内容，多种多样的形式，不同的表现风格。根据《中华民族传统体育志》的统计，在我国汉族和55个少数民族中，分别搜集到301项和676项民族传统体育项目。我们要想更为全面、准确地认识民族传统体育，就必须通过科学的方法对其进行合理、系统的分类。进行科学研究必不可少的手段就是归类，即分类，就是根据事物之间的相同或者不同的属性，对事物进行划分、归类，最后集合成类的过程。对传统体育项目进行分类，面临的一个复杂问题就是它在总体格局上的多元性，在地域分布上的广阔性，在社会发展方面的不平衡性。目前，在各种运动会和少数民族运动会上，开展的比赛项目和表演项目，只是我国民族传统体育项目的一小部分，如武术、摔跤、龙舟比赛、赛马、抢花炮、叨羊、木球、陀螺、射弩、毽球、秋千、蹴球、押加等。

随着民族传统体育不断得到重视和发展，民族传统体育运动会上的表演项目和许多非民族传统体育运动会项目也在蓬勃开展。少数民族传统体育项目丰富多彩，种类繁多，也在不断地挖掘整理之中。

根据民族传统体育丰富的内容和多种多样的形式，在对其进行分类时，首先要把握这些民族传统体育项目在不断发展过程中所具有的共性特征；其次，在分类中还要体现出这些民族传统体育项目所具有的社会价值。因此，可以按照性质、作用和功能、地域分布、民族以及项目特点等，将民族传统体育项目归纳成不同的类别。具体的分类方法如下。

（一）根据性质与作用进行分类

1. 养生、健身类

在民族传统体育项目中，这一类体育项目主要是以养生、健身、康复和预防疾病为目的，从而使人身体健康，延年益寿。这类项目多种多样，如导引养生、太极拳、气功等，具有动作简单、轻缓、强度不大、易学、适合人群广泛等特点，长期坚持锻炼，可以达到预防疾病，增进健康的目的。

2. 娱乐类

休闲娱乐是这类民族传统体育项目的目的，具有较强的游戏性和趣味性，在这些项目练习的过程中，都是轻松愉快的。这类民族传统体育项目大致可以分为棋艺、踢打、投掷、托举、舞蹈等项目。棋艺类的项目，如象棋、围棋、藏棋等，以开发智力为主；踢打类的项目，如踢毽子、打飞棒、踢沙包等；投掷类的项目，如抛绣球、投火把、丢花包、抛沙袋等；托举类的项目，如掷子、举皮袋、跑石头等，主要以托举器物和负重为主；舞蹈类的项目，如接龙舞、跳芦笙、耍火龙、打棍、跳桌等。

3. 竞技类

民族传统体育竞技类的项目是指通过竞赛规则对比赛场地、器械、服装以及其他特定条件的规定进而组织如智力、体力、技术、战术等方面的比赛。例如全国民运会有14个民族的传统体育项目被列为正式比赛项目，分别是珍珠球、秋千、押加、木球、蹴球、抢花炮、毽球、龙舟、打陀螺、民族式摔跤、武术、马术、射弩、踩高跷。其中有单人项目，也有集体项目；也可分为体能、竞速、命中、制胜、技艺等各种类型。

（二）根据运动项目的形式与特点进行分类

根据现代体育运动形式和特点，可将传统体育项目分为跑跳投类、水上项目、球类、射击、骑术、武艺、舞蹈和游戏等。其中，跑跳投类项目，如跑火把、雪地走、跳板、跳马、投沙袋、掷石、丢花包等；水上项目，如龙舟竞赛、划竹排、赛皮筏等；球类项目，如木球、珍珠球、叉草球、跳球、毽球等；射击类项目，如射弩、步射、射箭等；骑术项目，如赛马、叼羊、姑娘追、赛牦牛等；武艺类项目，如打棍、顶杠、摔跤、斗力、各族武术等；舞蹈类项目，如跳竹竿、跳花鼓、跳火绳、皮筋、踢毽子、跳房子、跳绳、东巴跳等；游戏性项目，如秋千、跳绳、斗鸡、打手键等。

（三）根据不同的民族所开展的项目进行分类

我国有56个民族，每一个民族都形成了能够反映本民族特色和本民族文化的传统体育活动，其中有一些项目是起源于本民族，由本民族创造并发展起来的；也有一些是从其他的民族传入进来的，并在本民族中进行融合，流传至今。我国地大物博，幅员辽阔，同时由于人口众多，各民族之间形成了大杂居、小聚居的现象，有些项目是在多民族中被创造，开展起来的；也有一些项目则为一个民族所仅有，在相当大的范围内，众多民族难以完全趋同。所以，按照不同民族所开展的项目进行分类，有助于我们更好地了解这一民族的体育项目，区分其特点。

（四）根据地域的不同进行分类

我国地域辽阔，由于自然地理环境、经济类型、社会历史和文化、生产和生活方式、风俗习惯、民族心理等方面存在差异，使得各区域形成的民族传统体育有着不同的特色。为了从总体的角度对民族传统体育的概貌和地域性特征进行了解和把握，可将我国的地域分布，划分成东北内蒙古、西北、西南、中东南四大区域，以方便对各区域民族的传统体育项目进行分类。

（五）按照学科交叉领域进行分类

民族性、传统性和体育性是民族传统体育项目所具有的三大属性。民族传统体育学是一级学科体育学下设的 4 个二级学科之一，因此体育性也是民族传统体育学最本质、最重要的属性。民族体育是体育学与民族学的交叉部分，具备民族性和体育性。传统体育是体育学与传统学的交叉部分，具备传统性和体育性。因此，按照学科交叉领域进行分类，我们可将民族传统体育学划分成两大类，即民族体育和传统体育。

（六）综合分类

在将民族传统体育学归入体育学之前，武术便是民族传统体育学的前身，无论是学科建设还是学科理论，都是比较完善和全面的，在民族传统体育学建立后，在现实中，普遍存在着武术发展较好，其他项目发展相对薄弱的情况。我们通常采用一种比较综合的方法对民族传统体育进行分类研究，来满足实践和发展的需要。

（1）武术

之所以将武术单独划分为一类，是因为武术具有源远流长的历史，丰富的内容以及学科建设和发展都相对完善。武术也具备强身健体、休闲娱乐等各项功能。

（2）中华传统养生术与气功

如导引术、气功等与中国传统医学相联系的传统体育项目和活动。其中具有代表性的是五禽戏、八段锦、易筋经、六字诀。

（3）传统智力棋牌类

如围棋、中国象棋等。

（4）民俗民间体育

除武术、中华气功之外，在各民族、民间活动中广泛存在的体育项目，统称为民俗民间体育。其中包括个体与群体的、竞技性的和表演性的项目。

三、民族传统体育的性质与功能

（一）民族传统体育的性质

1. 交融性

民族传统体育是一个相对封闭而又开放的系统，它经过了几千年的发展，已经形成了独具风格的文化体系。随着社会的进步和文明程度的提高，以及民族之间的交流和渗透，使得民族文化进一步融合，各民族生活的区域、血缘关系、文化等方面都发生了不同的变化，民族传统体育就是在不同文化模式与类型的相互碰撞和交流、融合中不断发展的。各民族的许多传统的体育项目都是在人们进行体育活动时，相互交融、共同学习，最终达成统一。一些学者将这种现象称为"文化凑合"，它体现了民族传统体育发展规律中的共融性特征。民族传统体育项目都是在某一地区、某一民族被创造和发展起来的，之后随着各民族文化的交流，被其他具有相同自然条件的民族所接受和改造，从而得到丰富，走向成熟。如马球、秋千、骑术、武术、气功、围棋等项目都是各民族共同创造的结果。

随着民族传统体育的进一步融合与交流，一些体育项目在此过程中，不断被创造和发展。如射箭与马术相结合，出现骑射；球技与马术相结合，发展出马球；球技与游泳相结合则有水球等。

此外，文化与艺术的相互融合也是民族体育交融性的体现。我国少数民族能歌善舞、能骑善射，产生了技击性和艺术性相统一的传统体育项目，既强身健体又愉悦身心，达到健、力、美和谐统一，如黎族的"跳竹竿"，不仅要求参与者具有良好的身体素质，还要具备较高的音乐素养和舞蹈技巧。民族传统体育的内涵正是在这些因素的互相交融作用下，变得更加丰富多彩。

2. 多样性

民族传统体育的多样性体现在其内容丰富、形式多样，它是由各个民族共同创造的。根据《中华民族传统体育志》统计，我国汉族和55个少数民族的传统体育共计977项，其中少数民族的传统体育为676项。每一个民族都有本民族的传统体育项目，分布之广，项目之多，也是世界上绝无仅有的。如哈萨克等民族的姑娘追、羌族的推杆、朝鲜族的跳板等，这些项目与种族的繁衍有关；如赫哲族的叉草球、草原的赛马和骑射以及江南水乡的竞渡等，这些活动与生产和生活习俗有关；有的项目则直接由军事技能转化而来，如武术等。正是由于这些项目贴近各民族的生产、生活、娱乐、生理等方面的不同需要，从而构成了多姿多彩的民族传统体育项目。

我国是一个多民族，地域辽阔、经纬度跨度大的国家，生活在不同地区的各个民族不同的生产和生活习俗，使得民族传统体育项目的起源和组织活动形式更加具有多样性。不同的民族具有不同的文化类型和特点。每一个民族的人民都生活在一定的宗教、信仰、利益、习俗、制度、规范、文化心理等文化氛围中，与其他民族相区别，从而也使得民族传统体育的多样性特征更加明显。

3. 文化性

体育是对整体文化的生动反映，属于文化的范畴，这在民族传统体育上表现得更加明显。民族传统体育作为世世代代中国民俗风情的信息载体，蕴涵着丰厚的历史文化信息，是我国非常宝贵的文化遗产。他富有浓郁的民族特色，不仅体现了文化性，而且也体现了华夏民族的审美情趣，散发着清新的文化气息。民族传统体育的民族文化性的体现，主要表现在它同民族文化、民族风俗与各民族地区人民的政治、经济、文化生活息息相关。如舞龙运动，它所反映的更多是关于龙文化的传承，通过舞龙把中华民族数千年的优秀文化传承下来，并不断被后代所研习和发展，从而保持着华夏文明的延续性，同时通过舞龙这项运动也使各民族之间保持认同。中国民族传统体育是中国传统文化的重要组成部分，它既是中华民族的象征，也是中华民族大团结的象征，体现出中华民族的凝聚力。

（二）民族传统体育的功能

作为一项体育运动，民族传统体育不仅蕴含着本民族的文化内涵，而且能够满足个体和社会的需要，此外还能促进人类社会的发展和民族文化的融合。因此可以说，民族传统体育具有多元化的功能，而这些多元化的功能主要体现在以下几方面。

1. 历史功能

民族传统体育作为传统文化的一个重要内容，它是在一定历史条件下产生的，并随着本民族的发展而不断获得传承的一种文化形式，因而蕴含着丰富的历史文化信息，它体现了一定历史环境下，本民族的生产、生活等自然生态状况和特定的政治、经济、科技、军事、文化等状况，因而也具有显著的历史功能。

首先，由于民族传统体育通常是由于某种历史事件或者某个重要人物的原因而逐步形成发展起来的，这些事件和人物对于民族传统体育的传承与拓展起到了至关重要的作用。因此，它可以间接地反映出这段历史，成了历史文化的重要载体。

其次，民族传统体育可以体现出某一历史时期的物质生产、生活方式、思想观念、风俗习惯和社会风尚，它是人们文化生活中最活跃、最积极和影响最直接、最广泛的社会实践活动，是现代一切体育运动项目的主要源头。

最后，民族传统体育是一种产生于民间的，而非官方的，随着本民族口头和言行流传下来的活态的文化形式，它身上所蕴含的历史文化信息，不仅能够弥补官方正史典籍的不足、遗漏或讳饰，帮助人们更加准确、全面、真实、接近地去还原历史和文化，而且能够为人们认识特定时期的历史提供形象的实体化文化，因此，我们必须深刻地认识民族传统体育的历史价值，了解其重要性，从而确保民族传统体育能够一代代的流传下去。

2. 教育功能

体育作为人类教育的组成部分之一，源于漫长的原始社会。据《中国古代教育史》记载："氏族公社成员们除在生产实践中受教育外，又在政治、经济和文体活动中受教育，他们利用游戏、竞技、舞蹈、唱歌、记事符号等进行教育。"可见，民族传统体育在产生之初，本身就是在生产生活中，通过体育运动对下一代进行的生产、生活技能的传授和教育。其中，部分民族传统体育项目是该民族对后人进行生产生活能力教育，如彝族的飞石索、维吾尔族的赛马、蒙古族的赛跑、藏族的射箭、怒族的过溜索、哈尼族的采茶舞、彝族的织麻舞、拉祜族的芦笙舞、低族的狩猎舞等，这些传统体育项目中大都包含着该民族的生产动作、生产技能等，对下一代的生产与生活具有较大的教育作用。

3. 健身功能

民族传统体育作为重要的健身手段与人的身体活动密切相关，可以在娱乐身心的运动中逐步改善民族体质，提高各民族人民的健康水平。从具体的动作形态来看，民族传统体育大多是由人的肢体运动、头脑运动等组合而成的运动锻炼形式，它能够促进有机体的生长发育，提高锻炼者的身体素质，改善锻炼者的中枢神经系统的机能，增强锻炼者对环境的适应能力，可见，民族传统体育具有健身的功能。

举例来看，在我国的民族传统体育项目中，木球、珍珠球、毽球、蹴球、马术、龙舟、打陀螺、抢花炮、秋千、射弩、押加、武术等都能通过参加者的身体运动锻炼参加者的身体机能，提高其运动能力，改善和提增人身体的各项机能。

另外，民族传统体育中的"导引养生术""五禽戏""太极拳""八段锦"等民族传统体育项目，本身就具有自我修复、自我调整、自我保健、自我娱乐与自我发展的功能，集健身、娱乐、治疗、预防疾病功能于一身。因此，也能帮助锻炼者增强自我的身体素质。

第二节 民族传统体育文化的发展概况

一、我国民族传统体育理论建设的发展

我国的民族传统体育种类繁多，具有悠久的历史和丰富的传统文化内涵，它的不断丰富和发展必然涉及民族传统体育自身的理论建设和研究。对于我国民族传统体育的研究，从总体上对规律所表现的外在特征进行把握和总结，既保证了民族传统体育发展的科学性，又能为研究民族传统体育的分类和各项目提供原则和依据。我国民族传统体育的发展具体表现在民族传统体育的理论体系建设和项目发展两个方面。

（一）我国民族传统体育历史与文化的研究发展

1.我国民族传统体育历史与文化的研究背景

文化的发生和发展经历了漫长的历史岁月，文化形态的不断变化预示着历史的不断发展和前进。民族传统体育文化也是在这长期的历史发展过程中，逐步形成了自己丰富的文化内涵，成为我国民族文化的重要组成部分。在这个漫长的发展过程中，不同的历史阶段、不同的社会和文化形态等因素，都对当时的我国民族传统体育产生了深远的影响。

民族传统体育吸取了各个历史阶段和时期的文化因素，特别是封建社会的阶级制度、宗法制度、儒家和道家思想等因素，都对我国的民族传统体育产生了深远的影响。民族传统体育作为一种蕴涵着丰富的文化内涵的文化形式，逐渐被广大民族传统体育工作者所重视。在兼合历史和文化两种因素及其他社会因素的情况下，综合分析民族传统体育的历史发展和文化发展问题。我国民族传统体育的历史性和文化性共同决定了研究民族传统体育的发展与历史文化的关系是理所当然的。

2. 我国民族传统体育历史与文化的研究现状

对我国民族传统体育历史与文化的研究使得民族传统体育理论建设在很大程度上得到丰富，能够帮助我们更好地认识民族传统体育的深刻内涵和价值，从而促进民族传统体育的发展。与历史资料考证有关的民族传统体育著作越来越多，如国家体育总局武术研究员编著的《中国武术史》、国家体育总局文史委员会编著的《中华民族传统体育志》；个人著作有《中国古代体育史》《云南少数民族传统体育的起源与发展》等。近年来，随着人们对民族传统体育的热爱和政策引导，许多学者致力于对我国民族传统体育的研究，出版和发表了一大批结合文化与历史等因素分析民族传统体育的学术文章和著作，如《民俗学概论》《中国少数民族文化通论》《武术学概论》《中国武术文化概论》《传统体育与传统文化》和《中国武术——历史与文化》等，这些学术文章和著作从政治、经济、社会、地理、风俗等方面对民族传统体育进行了动态研究，从而构建起了比较系统和完善的民族传统体育理论体系。

由于我国民族传统体育的发展具有历史较长、民族繁多、项目丰富、分布较广等特点，它受到历史与文化等众多因素的影响，经过了漫长的社会发展过程，从内容到形式都发生了很大的变化，因此，对其进行研究存在着一定的难度。近年来，对民族传统体育的研究开始从历史与文化的角度来探讨我国民族传统体育的产生、演变和发展过程及规律，对民族传统体育的特征、本质进行了更加全面的了解和阐释，掌握其发展规律。实践证明，从历史与文化的角度对我国民族传统体育进行学术研究既可以丰富我国民族传统体育理论体系的建设，又能对发现与挖掘我国民族传统体育在历史中所占的地位、扮演的角色、社会价值都具有十分重要的积极意义。

（二）我国民族传统体育理论体系结构的研究发展

1. 我国民族传统体育理论体系结构的研究背景

作为一门独立的学科，民族传统体育具有一定结构的理论体系，从而确定了民族传统体育这一学科所研究、涉及的对象和范围，在本学科建设方面起到重要的奠基和指导作用。从某种意义上来讲，对民族传统体育理论体系框架内容的研究，可以充分反映本学科的本质和特征，概括和诠释本学科的范畴和性质，对民族传统体育学科的发展起到重要的推动作用。

2. 我国民族传统体育理论体系结构的研究现状

目前，众多学者从不同的角度将民族传统体育理论体系的框架结构划分为以下三个层次，并进行了归纳。

（1）民族传统体育的基础研究

基础研究主要研究民族传统体育的起源与分类、功能与特征等方面，是从民族传统体育学知识体系中不断分化出来的不同学科。

（2）民族传统体育的应用研究

应用研究主要是针对民族传统体育的现代化与市场经济的关系、民族传统体育本身与国际体育的关系等进行的研究，它是结合民族传统体育学的发展，对民族传统体育发展实践中的某些问题和涉及领域进行研究而形成的学科。

（3）民族传统体育的跨学科研究

跨学科研究是指在民族传统体育进行基础研究和应用研究的过程中形成的民族传统体育与其他学科的交叉性、扩展性学科，如民族传统体育经济学、民族传统体育文化学、武术养生学、民族传统体育运动医学等。

3. 我国民族传统体育理论体系结构研究存在的问题

总的来说，对于我国民族传统体育的理论体系研究还处于起步阶段，我国学者对其的研究和涉及的范畴主要集中于基础研究，研究层次较低。

（1）研究范围小

主要集中在对民族体育概念、历史发展、种类内容、特征等基础研究层面；在应用研究方面，对于民族体育文化与经济等问题的研究和探讨，缺乏理论深度和实践效用；在跨学科研究方面，涉及的学科项目单一，如武术文化学等。

（2）研究队伍薄弱

民族传统体育作为一门新兴学科，与其他学科相比，在研究人员和学术团队方面，都比较少，主要是以高校教师和国家体育总局的工作者为主，缺少组织与民族传统体育相关的传播活动。

总之，对我国民族传统体育的研究，特别是应用研究和跨学科研究方面，都需要一个不断发展、丰富、创新的过程。

（三）我国民族传统体育其他理论的研究发展

1. 我国民族传统体育内容与分类的研究

我国诸多学者对民族传统体育的内容与分类进行了研究与分析，由于我国民族传统体育项目多，分布广，因此，对其内容和分类进行研究，既是一个基本问题，又是一个重点问题。按照不同的标准和角度，如民族种类、项目数量、地理分布、项目比重、价值功能等，可将民族传统体育的内容划分为多种多样的格局，在一定程度上，促进了民族传统体育学科的理论研究和项目发展。

2. 我国民族传统体育与其他体育的比较研究

随着体育大融合进程的不断加快，任何一个单项体育项目都不可能脱离世界体育对其自身的影响和作用而孤立存在。作为一项具有中国特色的体育运动，民族传统体育的发展同世界其他体育运动的发展有着一定的关系，因此进行民族传统体育的比较性研究具有重要的现实意义。目前，国内部分民族传统体育工作者正在积极从事民族传统体育与其他体育的比较研究，通过对比研究，从中找出各自的特点和优势，进行完善和补充，从而促进我国民族传统体育的发展和理论建设，如中西方体育项目的特点、价值功能等方面的对比研究。

二、我国民族传统体育项目的发展

在我国众多的民族传统体育项目中，每一个项目都有自己独特的理论，对我国民族传统体育项目的发展起到重要的推动作用。通过民族传统体育的宏观理论体系的构建和单个民族传统体育项目的研究，民族传统体育的历史研究和民族传统体育的比较研究、跨学科研究、发展战略研究等都为民族传统体育项目的发展提供了理论导向，丰富和发展了民族传统体育的竞技类、表演类、健身类、娱乐类、教学类等项目的实践内容。

（一）竞技、表演类项目的发展

经常长期的发展，受社会各种因素以及西方竞技体育的影响，我国民族传统体育开始逐渐具有了竞技性，部分民族传统体育项目逐渐走向了竞技行列。受国际体育竞技化趋势的影响和奥林匹克"更快、更高、更强"的竞技体育宗旨的启发，一些民族传统体育逐渐发展成为与西方体育模式近似的竞技类体育项目，一些民族传统体育项目甚至走进了竞技性较强、组织较规范的现代化体育运动会。

目前，我国十分重视民族传统体育运动会以及各项运动会中民族传统体育比赛的举办，随着党和国家领导人对民族传统体育事业发展的重视和一系列相关政策的出台，一些竞技性较强、表演价值较高的项目较早地走进了各种类型的运动会，甚至有了专门的单个的民族传统体育项目的运动会，如武术表演大赛、全国大学生武术比赛、全国武术套路和散手比赛、全国舞龙舞狮比赛以及其他形式的邀请赛、对抗赛、争霸赛等。经过长期的发展和完善，民族传统体育项目中开始出现一些新的竞技项目，如太极推手比赛、全国散手比赛、国际武术比赛等。此外，经过国家有关部门的不断修改和制定，各项目竞赛规则日益完善、比赛成绩的量化客观评判日益成熟，这些竞技类项目的发展为我国武术事业以及民族传统体育的发展都起到了极大的促进作用。北京奥运会的成功举办，为武术的发展带来了一定的机遇，我国的武术开始正式向国际体育盛会的行列迈进，吸引着国际体育人士的广泛关注。

受多种因素的影响，我国以竞技和表演为主的民族传统体育项目的训练任务主要集中在我国各省区专业队、省市竞技体校、院校表演队和省市民族传统体育项目训练基地，民族传统体育各个项目的科学化训练尚未形成，除了武术竞技项目有相对系统的训练体系外，其他项目的专业性训练还有很多的工作要做，我国民族传统体育项目的专业训练还需要进一步的发展和完善。在我国民族传统体育项目中，武术、舞龙、舞狮的专业化训练体系发展较为完善，其他项目，如珍珠球、木球、打陀螺、秋千、赛马、射弩等涉及较少，因此，改变以武术等少数项目为主的尴尬局面，挖掘和改革具有竞技性的民族传统体育项目，建立起我国民族传统体育各个项目的完善的训练体制，使各个民族传统体育项目在保留民族特色的基础上能适应当前的竞技化比赛，促进民族传统体育的竞技化发展是十分有必要的。

（二）健身、娱乐类项目的发展

在我国部分民族传统体育项目经过不断地实践和发展，走向竞技行列的同时，具有健身、娱乐价值与功能的诸多民族传统体育项目也顺应历史和社会的潮流，逐步融入广大人民群众的日常生活之中。由于我国民族传统体育项目多、分布广，对健身、娱乐类项目可以按照以下几个方面进行研究。

1. 以地域发展为主的项目

这类的民族传统体育项目以地域为主，比较符合当地的风俗传统，具有浓厚的民族色彩，仅限于某一种族或有限的区域，所以不具有广泛的普及性，如壮族和瑶族的拾天灯等。

2. 以节日、集会为主的项目

这类民族传统体育项目是以参加节日活动和集会活动为主，形式多样、内容丰富、影响广泛，多用于营造节日气氛、增添娱乐情绪，如苗族的拉鼓节、舞狮大会、世界太极拳健康大会等。

（三）在学校体育中的发展

我国众多的民族传统体育项目具有重要的健身功能、娱乐功能和教化功能。因此，将这一部分民族传统体育项目纳入学校体育教育中，不仅可以丰富学校体育教学的内容、促进校园文化建设，还有利于学生身心的健康发展。

经过一段时间的发展，目前很大一部分民族传统体育项目已经被列入学校体育教材中，如《九年义务教育体育教学大纲》中将武术、八段锦、五禽戏等被列入了全国中小学体育教学中。一些高等院校和一些高校的体育院系还增设了摔跤、围棋等民族体育项目课程教学，甚至专门开设了民族体育专项保健课程，其他一些民族传统体育项目，如木球、秋千、踢毽子、射箭、摔跤、赛马、龙舟等也被一些地区或学校列为学校课外体育锻炼项目。发展到现在，我国民族传统体育项目已经成为全国和地方各级学校体育教育的重要组成部分之一了。

第三节 民族传统体育文化的未来发展

一、加强对民族传统体育文化的保护

民族传统体育在经过长期的发展后，已经形成了一个具有丰富内容和鲜明特色的庞大系统，具体包括竞技、表演、健身和娱乐等各种项目。随着历史的发展，人们不断创造出新的体育文化产品，新文化产品不断累积，在传统文化产品的基础上逐渐形成文化。作为文化形成和发展的基础，传统文化必须被保存下来，这样才能促进体育文化不断累积，不断创新，逐步向前发展。

传统文化在特殊环境中塑造出民族传统体育文化，传统文化赋予民族传统体育的一些特性是其他民族体育所没有的，独特的民族传统体育文化构成特色鲜明的东方体育文化形态。民族传统体育如果没有传统文化内容，强势文化中的体育项目就会同化一些民族传统体育项目，从而威胁到民族传统体育的生存。

（一）坚持科学思想的指导

科学理论思想的指导是开展任何社会实践活动都必须依赖的条件。保护我国民族传统体育文化，必须坚持科学的思想指导，具体要做到以下几点。

（1）高度重视民族传统体育文化的理论建设研究。

（2）顺应民族体育学科的本质特征和客观规律，坚持以唯物主义世界观和现代科学理论与方法对民族传统体育进行保护，促进中华民族传统体育的全面繁荣。

（3）以多学科角度透视为基础，多方位、多层面地挖掘民族体育中所蕴含的文化内涵。

（4）加强多学科、多方位的合作，加强体育学与民族学、社会学之间的

交流与借鉴，共同向着更深层、更广阔的方向发展。

（二）制定国家政策

我国民族传统体育属于非物质文化遗产，具有传承性、民族性、地域性、流变性、独特性、综合性等特征。非物质文化遗产的具体内容是各族人民世代相承的、与群众生活密切相关的各种传统文化的表现形式和文化空间等。这是人类文化发展的宝贵财富，具有民族特色的精神和意识，起到丰富全球文化多样性的作用，得到社会的广泛关注。

（三）运用高新科技

当今社会，信息技术高度发达，可以用信息库的形式保存、保护民族传统体育文化。通过现代科技手段对民族传统体育文化中的各个环节加以数字化保留，将其纳入"中国非物质文化遗产数据库""中国非物质文化遗产影像档案"等系统，并充分利用多元性的全球文化，获取更广泛的社会保障，不断积累中华民族传统体育。然而，民族传统体育又绝对不能仅仅依托于数字化被动储存，因为它作为文化的一部分，只有在不断发展中才能彰显其生命力，所以应主动地保护和拓展非物质文化生存的空间，使民族传统体育具备良性的生存和发展环境。

（四）培养相关人员

民族传统体育的保护必须重视相关人员的培养，培养一批具有业务专长、熟知民族政策与民族习俗的人员，具体包括传者、受者及管理干部三类人员的培养。

传者是保护民族传统体育文化的首要环节。民族传统体育文化的保护要求传者必须融会贯通地掌握传播理论和传播手段，为了提高传播和保护的效率，实施传播时主要通过现代教育的方式进行。传者的职业道德十分重要，不可以有狭隘的保守意识，否则会使传承的资源截流。在民族传统体育保护过程中，传者的传授水平及道德素质的培养十分重要。

受者是传承和保护民族体育文化的重要部分。受者具有规模庞大、分散居住、流动性强等特点。民族传统体育文化的部分受者仅仅生存在一个特定地域，接受信息资源有限的资讯，即受者具有"小众""分众"的特征。要重点培养受者对中华民族传统体育文化的情感。目前，中华民族传统体育面临的迫切任务就是引发受者的喜爱。民族传统体育应该以传统为根基，以不同民族分众志趣为出发点，以创新为动力，使民族传统体育文化焕发时代活力。

管理干部在民族传统体育文化的保护中起着重要的作用。民族体育现代化、科学化、社会化发展的实践表明，传统体育的师徒传承方式已不能满足现实的需求。需要民族体育管理干部长期深入到民族地区进行宣传、普及、提高工作。因此，尤其要注意培养少数民族体育干部，因为他们与民族群众有天然的密切联系，深谙本民族、本地区的风俗习惯，有利于更准确地执行党的民族政策与体育方针，使民族传统体育的发展逐步走向正轨，得到振兴与繁荣。

二、加快民族传统体育文化的可持续发展

（一）促进民族传统体育的技术发展

促进民族传统体育的技术发展是民族传统体育文化可持续发展战略的核心，要大力继承与传播传统民族传统体育技术。同时要科学地进行挖掘、整理、改革并创新民族传统体育技术，使民族传统体育技术真正为民所用，扩大民族传统体育人口，积极发挥民族传统体育的健身、娱乐、教育等功能。

（二）建立富有特色的竞赛体制

民族传统体育文化可持续发展战略的先导就是竞赛体制，体育练习与实践检验兼备是竞赛体制符合民族传统体育技术特征的基本要求。富有特色的民族传统体育竞赛体制要符合如下两方面的要求。

（1）从形式上看，富有特色的民族传统体育竞赛体制不可与举牌评分等同，也不能与其中一些项目的给分方式一样。

（2）从内容上看，富有特色的民族传统体育竞赛体制不能局限于徒手对抗，还应当有技击较量。这样的竞赛体制可以使民族传统体育的训练方法得到充分发挥。

（三）举办多种形式的民族传统体育竞赛

通过组织和举办一些民族传统体育竞赛，不仅可以为民族传统体育的产业化发展做宣传，而且还能提高运动员的训练水平。目前，散打王争霸赛就是民族传统体育值得借鉴的范例。除此之外，民族传统体育也要在合理规则的引导下，通过比赛带动相关产业发展，进而促进民族传统体育的可持续发展。

（四）做好民族传统体育的科学研究工作

理论的思维是民族传统体育站在科学最高峰的基础。新中国成立后，党和政府曾一度十分重视民族传统体育学科研究。但与现代化体育项目的科研

成果相比，民族传统体育的科研工作还处于自发盲目的状态，民族传统体育理论严重滞后于实践，民族传统体育科研工作的第一步就是做好科学理论的研究工作，只有具备了完善的理论基础，才能规范民族传统体育技术，才能继承与创新民族传统体育，推进民族传统体育的可持续发展。

（五）提高民族传统体育工作者的经济收入

在民族传统体育发展的过程中，要使广大民族传统体育工作者感到自己的工作具有一定的社会价值和意义。另外，民族传统体育在满足了实现自我价值需求的同时，还能给民族传统体育工作者带来较丰厚的待遇、较高的社会地位，以激发他们将更加强烈的责任感和使命感投入到民族传统体育工作中去。

（六）加强民族传统体育的改革与创新

民族传统体育的改革和创新是在继承与尊重民族传统体育文化的基础上进行的，改革与创新应保存民族传统体育的原有价值，进一步挖掘现代价值，开辟新领域，构建新形式，促进民族传统体育朝着多元化的方向发展。民族传统体育文化要走可持续发展道路必须经过改革与创新。

民族传统体育具有很强的现代社会价值，因此它的更新发展不能滞后于现代化发展，必须加强自身的改革与创新，完善自身体系和价值系统。

三、发挥学校对民族传统体育文化的传承作用

（一）明确民族传统体育发展方向

民族传统体育取得更好发展的重要条件是在战略上给予高度重视，认清民族传统体育发展的方向。在现代体育全球化发展的同时，民族传统体育在一定程度上受到西方体育文化越来越多的冲击，并且导致部分项目已濒临消亡，这就要求中华民族中的一员，尤其是民族传统体育的研究者和领导者，一定要肩负起民族传统体育发展的历史重担，采取相应的积极措施，切切实实地搞好民族传统体育文化的传承和发展，促进其全面发展。

学校是民族传统体育发展的重要场所，这就要求各相关部门要积极努力挖掘地方民族体育资源和特色项目，并且将这些民族传统体育引入学校体育教育课堂中，使学生有更多的机会受到民族传统体育文化的教育和熏陶，从而激发他们对民族传统体育文化内涵进行深入了解和认识的兴趣，使他们的民族传统体育文化的内在品质得到进一步提升，让具有时代色彩和现代人文精神的民族传统体育立足于世界文化之林。

（二）健全民族传统体育教学机制

学校具有自身的功能与优势，其主要责任表现为：汲取各民族传统文化精华、促进民族团结、培育人才与传承文明等方面。随着现代社会休闲时代的来临，传播并倡导区域性传统体育活动，使之成为不同区域和人群的健身方式，将对人们的健康产生非常大的促进作用。

在现代社会经济条件下，学校有义务为所在地的经济、社会和文化的发展服务，各相关职能部门要根据当地的实际情况，有针对性地制定各种政策，采取各种相应的措施，建立和健全民族传统体育在各个学校的发展机制，从而使其在学校体育发展中应有的地位得到有力的保证，进而使各学校开展民族传统体育教学与训练的积极性得到有效调动，为尽早形成有利于我国民族传统体育发展的良好的学校体育文化氛围创造有利条件。

（三）建立健全民族传统体育竞赛体制

定期举办的民族传统体育运动会和单项邀请赛等，对于各学校开展民族传统体育项目源动力的激发，以及有效的训练、比赛周期的形成都有积极的促进作用，能够使学生的兴趣在课外继续延伸和发展。这样还可有效地引导和激发学生的参与热情，使民族传统体育的普及、发展和运动技术水平的提高得到积极的促进，进一步增强其观赏性和吸引力。

建立和健全民族传统体育的竞赛体制，途径有很多，但要注意与实际情况相结合，这样才能够取得较为理想的效果。具体来说，可借鉴和采用其他已发展得比较成熟、已形成自己独特体系的运动项目，并且与民族传统体育的具体实际紧密结合起来，从而走出一条与自己的发展相适宜的竞赛体制道路。

第七章 大学生体育文化修养

第一节 体育欣赏

人们熟知艺术欣赏，如对音乐、美术、摄影、文学、影视及戏剧的欣赏，但体育欣赏，则可能感到陌生或朦胧。其实人们已经参与或进行着体育欣赏。体育欣赏与上面提及的诸多欣赏相比较，没有哪种欣赏比体育欣赏更能拥有这么广泛的参与人群，也没有这么经常和深刻的体验。随着社会的进步和竞技体育以及新闻传媒的迅速发展，观赏体育已日益成为人们生活中的重要组成部分，特别是在职业体育发达的国家中，体育的观赏不但丰富着人们的生活，而且对体育的了解和爱好还成为一个人修养水平的标志。

体育观赏不仅能调节情感，愉悦身心，陶冶情操，满足人们追求高节奏完美生活的要求，振奋民族精神，而且还能启迪和加强大众的体育意识，使之全面投入到全民健身运动。体育观赏是一种娱乐活动，其重要性虽永远不会超越体育的健身意义，但它在人们现实生活中所占的分量越来越重，人们的文化生活也越来越离不开它。因此，体育竞赛所独有的审美价值是任何文化娱乐活动都不能取代的。

一、体育欣赏的意义与作用

（一）体育欣赏可以丰富人们的文化生活

体育比赛本身就是一种技艺的表演，尤其是现代体育运动，技艺日益向难、新、尖、高的方向发展。一些世界级足球明星有高超的球技和稳定的心理，能在有限的空间、短暂的时间里完成盘带过人，精妙的传球、绝妙的凌空抽射和鱼跃冲顶射门等技战术，把健、力、美高度地统一起来，加上鲜明的节奏、微妙的配合，表现出诗一般的情感，让人们赞不绝口，给人们带来艺术和美的享受，也给个人、家庭和社会带来乐趣和幸福。所以，观赏体育比赛已是人们生活中不可缺少的内容。也正如现代奥运会创始人，法国教育家皮埃尔·顾拜旦在他的名作《体育颂》中热情赞颂的那样："啊！体育，你就是乐趣！想起你，血液循环加剧，思想更加开阔，条理更加清晰。你可使忧伤的人散心解闷，你可使快乐的人生更加甜蜜。"

（二）体育欣赏可以培养人们的良好品质

体育比赛是个人、团队之间在竞赛规则允许的范围内展开智力与体力的竞争，同时也是道德间的竞争。运动员遵守规则、尊重裁判、尊重对手、尊重观众、分秒必争的战斗作风，让人们领略到个人与集体之间的关系，人与人之间的合作精神，相互鼓励、谅解精神的真谛，使人们从中受到启迪和无比深刻的教育。因此，体育欣赏能培养人们的团队精神，开朗合群的性格，愉快乐观的情感，坚忍不拔的意志，敢于拼搏、勇夺胜利的气概，以及增强人们征服自然、改造社会、超越自我的信念。

（三）体育欣赏是一种积极的休息

休息可以净化情感、调整心态当今人们生活节奏加快，竞争加强，谁都免不了有烦心的事和空虚的时刻。但人们一旦打开电视或有机会亲临现场观看体育比赛，那赛场上运动员们的精彩表演，让人顿觉轻松，所有烦恼和忧虑一股脑儿抛在九霄云外。可见人们观看体育比赛，其情感被"净化"，全部移至赛场，随着赛事的变化而变化。因此欣赏体育比赛既可有效地消除人们由于工作、学习带来的精神紧张和身体疲劳，又可调节情绪，使心理获得平衡。

二、体育欣赏中的体育美学原理和特点

（一）体育美学原理

在体育美学中，包含着大量与美有关的问题。当人类根据自身的目的和需要，通过体育活动去塑造自己的身心和自己的形象时，他就会按照"美的规律"来创造自己，并表现出对美的渴望和追求。因而，体育作为人类创造自身的实践活动，其本质和深层含义也就是一种追求美的活动。

1. 体育美起源于人类社会的体育实践

在原始社会，原始人的生产工具非常简陋，只有一些天然的石头和木棍等，他们的生产劳动也主要是依靠自己身体的活动。随着生产实践的逐步深化与发展，人类使用的生产工具也逐步增多，随之而来的操作工具的方式和身体姿势也一天天的多了起来。当人们掌握了使用和操作、制作生产工具的

方法时，人们就已经看到了自己的聪明智慧和创造力量，此时此刻，人类的美也就诞生了。

2. 体育美是具体可感的形象

在现实生活中，美的事物可以被人们用感官去感受，她具有一定的形象，体育世界是一个充满美的世界。当体育健儿在形形色色的体育运动项目中竞相争美，美的事物层出不穷，美的现象也是变化万千。所有这些都是通过他们的运动形象来表现的，这些表现使人们领略到体育美的奥妙，感悟到体育美的真谛。而让每一个观赏者能真正品味到体育比赛、表演、娱乐所带来的美的感受的是运动员的技术、战术、喜怒哀乐。

3. 体育美是能使人愉悦身心的形象

体育美是具体可感的形象，但并不意味着一切有形象的体育事物都是美的。在体育活动中，人们会发现一些不愉快的事物，如：动作粗野，观众起哄，围攻裁判，球迷闹事，弄虚作假，营私舞弊，"君子协定"，服用兴奋剂等等。这些体育现象非但没有给人们带来审美的愉悦，反而使人们产生厌恶的情绪。为此，体育美应给人们带来的是在体育表演和激烈运动竞赛时那种使人精神振奋，情绪高涨，令人陶醉，心旷神怡的喜悦心情。这才是体育运动的艺术魅力所在。

4. 体育美是反映人的自由创造的形象

体育美之所以会引起人们的身心愉悦，一方面是由于她具有宜人的形式，如体态均匀和谐，动作干净利索，节奏明快流畅等；另一方面，体育美的内容能充分反映人类在体育实践中的"自由创造"的特性，即征服、超越、开发、表现的能力。

（二）体育美学特点

1. 体育的整体美

整体美是体育欣赏中的一个特定形态，她表现在集体项目的群体组合和活动中。如篮球、排球、足球，通过体育技术的组合、运行、提高等，以及出神入化的程度所表现出来的整体美。队员们之间配合默契、娴熟的传接球、投篮、扣球、射门等都表现了群体意识美、智慧美和技术美。

2. 体育的含蓄美

体育的艺术美、创造美，人们内心的道德美、力量美、智慧美等都是含蓄美的表现形式。体育活动的拼搏意志美，更是我们这个民族向上精神的具体体现。

3. 体育的形式美

体育的形式美是技术、形状、结构和动作组合美，是体育的外形美，包括体育的比例、和谐、均衡、节奏、场地器材布置、对称优美和队形的整齐等。它给人们以生理上、心理上的愉悦，是人们表现自我意识和创造能力的方式之一，是体育美的重要体现。

4. 人体的形态美

人体的形态美主要表现为自然或正常的体态，包括正常的生长发育、丰满的肌肉、自然协调的动作、正常的行动姿态等。体育活动使人们形成了健壮匀称的体格，端正的健美姿势。形与美的协调，充分展示了人体美和充满朝气的气质美。

5. 人体的动作美

人体的动作美主要表现在动作的协调和韵律感上。体育就是发展人们身体的各种能力，培养动作的灵巧性和协调性，发挥动作的速度，使其既经济又美观。人们在比赛或活动中，动作协调、节奏分明，使人产生一种美的感受，特别是艺术体操、花样游泳、武术等项目，更是体育与艺术的结合，具有很好的美育作用。

6. 人体的健康美

健康美是人类健康的身体呈现的美。在大众中开展的各项健身活动，充分地展示了充满生命力的健康美。身体健康、肌肉匀称、体躯雄伟，还有优美大方、灵活、协调、富有节奏感以及活动中体现出来的良好心理素质，都给人以健康美的情感体验。

在体育运动中，美的表现具有不同的形状、相貌和特性，她们给人的审美感受也是不尽相同的。正是由于体育能给予人们如此多的情感体验，从而促使更多的人去关心她，了解她，欣赏她，体验她，参与她。

三、欣赏体育竞赛的心理特点

我们了解了体育运动中的各种美，了解了体育竞赛过程中美的内容后，就为更好地欣赏体育竞赛打下了基础。现在，我们探讨如何欣赏体育竞赛，即观众在欣赏体育竞赛中的心理特点，从而领略体育竞赛中美的感受。这首先必须了解运动员在竞赛中的一般心理特点。

（一）运动员在运动竞赛过程中的一般心理特点

运动竞赛过程是运动员之间所进行的体能、技术和智力的较量，也是心理因素和运动员克服机体内外障碍的较量。大家知道，运动员在运动竞赛中，体能潜力发挥的程度、技术动作把握的水平以及智慧的灵感，受诸多心理因素的影响。在运动竞赛中，运动员所有的心理过程都进行得异常激烈、迅速、深刻，超过了人们在日常生活、生产劳动或教学训练条件下的深刻程度。

（二）竞赛过程中运动员的情绪表现

在运动竞赛中，由于成功与失败条件的经常转换，对抗情况的复杂性、多样性和剧烈性，造成运动员经常会出现多种多样的情绪状态与各种各样的情感。情绪的作用甚为重要，因为人的情绪能影响生理过程的变化。运动员的情绪变化，既有积极的增力作用，也有消极的减力作用，对运动竞赛的成功与失败会产生巨大的影响。

在运动竞赛中，运动员总是表现出各种各样的情绪状态，这些情绪状态，大致可概括为以下几种。

1.运动情绪的兴奋状态

以积极的增力情绪为特点，能使运动员的身体素质和技术水平得到充分发挥，对运动活动的完成有着重要影响。

2.运动情绪的战斗振奋状态

一般在运动竞赛激烈时刻产生。处于战斗振奋状态的运动员，能够克服一切困难，充分发挥自己的技术、战术水平和迅速、准确地适用自己的各种能力，并能正确地选择表现方法。

3.运动情绪的陶醉状态

运动员处于陶醉状态时，会把全部精力都倾注于比赛活动中，而密切注意对手的一切活动，迅速、准确地判断对手的意图，适时地采取相应的行动。

4.运动情绪的悔恨状态

是在比赛激化时产生的一种特殊情绪。这种情绪往往是在运动员觉察到了个人失误和疏忽大意时而引起的，它具有爆发性，发生迅速，强度也较大。

5.运动情绪的竞争状态

是运动员夺取优异运动成绩所必需的情绪状态。

6.运动荣誉感、自豪感、义务感和责任感

是运动员在运动竞赛中最深刻和最复杂的一种情感，是运动员作为一个集体的代表，荣幸参加比赛时产生的情绪体验。

上述情绪状态，是运动员参加比赛所必须具备的心理条件，它对运动员的力量、能力和意志、智力的发挥，有着积极作用。但是，运动员的这些情绪变化又会影响观众对竞赛的欣赏。

（三）欣赏体育运动竞赛的心理特点

欣赏体育运动竞赛，主要是欣赏体育竞赛过程中运动员的创造性的表现，而这些表现对观众心理的形成和发展产生重大影响。由此，我们可以说体育运动竞赛的欣赏，既是被动的又是主动的。被动，在于欣赏者的欣赏心理过程总是随着运动赛程和运动员创造性的发挥而展开，恰似沿着墙壁攀援上升的常青藤。主动，则在于欣赏者在欣赏中总是主动去排除内部与外部的干扰，专心致志地跟随竞赛的进行，去感受、去预测、去期待。这很像技艺高超的冲浪运动员，虽然总体说他是被动于大海的，但他最辉煌的成绩是能主动地利用汹涌而来的浪峰，抓住最佳时机，运用高超的技艺。因此，无论如何，欣赏都是一个动态展开的过程，其心理过程和个性心理特征都处于复杂的、不断变化的状态。人们在欣赏体育活动中，大体可有两方面的体验。

理性或理智的审美体验。这方面，有从运动员的动作表现来认识和感受体育美，包括形体的动、静变化，节奏感，力度适度，协调性等；有从运动员的精神表现来认识和感受体育美，包括运动员的文明、礼貌、友善、坚毅和潇洒等，还有从运动员成功的运用合理而正确的技术、战术，适应变化的形势所表现出来的智慧、灵感等。在这些体验中使人们感受到体育那种"更高、更快、更强"的无穷魅力。这是从理性的审美角度出发的体育欣赏。

情感的体验。这个角度的体育欣赏，对人们更富有刺激性，使欣赏者的心理特点处于起伏跌宕的急剧变化之中。例如，花样滑冰、跳水、体操、武术等项目，运动员的表演是在轻松、流畅、优美的情景中进行的，欣赏者的情感体验则会处于同样的心境中。而有些竞技运动，往往使欣赏者的情绪随着运动竞赛的进行，体验着激动、紧张。有趣的是，在激烈甚至是白热化的比赛中，运动员有时会作出十分轻松或出人意料的幽默或十分流畅的动作，出现紧张与轻松的突变情景。欣赏者的情绪也随之突变，形成巨大的反差。更增加了运动竞赛的吸引力。人们在体育欣赏中的情感感受又往往伴随着期待的满足与失望。

四、体育欣赏应具备的基本知识

体育比赛是个体与集体在规则允许的条件下展开的技术、战术、体能、心理、智力、意志品质等诸方面的角逐。不同的运动项目有不同判决胜负的方法与标准，其赛制也各不相同。因而，欣赏体育比赛的首要条件就是熟悉和了解体育比赛的基本情况，这样就能在欣赏体育比赛时，区分是什么级别和什么水平的赛事。体育比赛的基本情况主要包括以下几个方面。

（一）熟悉和了解国内外重要体育比赛的性质与任务

1. 奥林匹克运动会

简称"奥运会"，是国际奥林匹克委员会主办的世界性综合运动会。奥运会起源于古希腊，因举办地点在奥林匹克而得名。古代奥运会由于罗马皇帝奥多西信奉基督教，禁止一切异教活动，废止了运动会，并烧毁了建筑物。随着近代体育的兴起，1888 年法国人顾拜旦提出恢复奥运会的建议，1894 年巴黎国际体育会议决定于 1896 年在希腊雅典举行了第一届奥运会。为了有别于古代奥运会，又称"现代奥运会"。每 4 年举行 1 届；如因故不能举行，届数仍按顺序计算。会期包括开幕式在内不超过 16 天，遇星期天或节假日不进行比赛，赛期相应顺延。列入奥运会的男子项目，需至少在 40 个国家和两大洲广泛开展，女子项目须至少在 25 个国家和两大洲广泛开展。1924 年国际奥委会开始举办冬季奥林匹克运动会，其为奥运会的组成部分，但习惯上又将非冬季项目的奥运会称为"夏季奥运会"。

2. 冬季奥林匹克运动会

简称"冬季奥运会"，是奥运会的组成部分。由国际奥委会主办，每 4 年举行 1 届，与夏季奥运会同一年举行，届数按实际举行的次数计算。1924 年在法国夏蒙尼举行的国际体育周作为第一届。会期 12 天，列入冬季奥运会的男子项目至少须在 25 个国家和两大洲广泛开展，女子项目至少须在 20 个国家和两大洲广泛开展。

3. 亚洲运动会

简称"亚运会"，是亚洲奥林匹克理事会主办的洲际综合性运动会。前身为远东运动会和西亚运动会，每 4 年举行 1 届，与奥运会相间举行，会期 16 天。比赛项目除一些广泛开展的田径、游泳、篮球、排球、足球等项目必须列入外，东道国可根据自身条件和运动技术水平适当增设。

4. 世界大学生运动会

是国际大学生体育联合会主办的世界性综合运动会，素有"小奥林匹克运动会"之称，只限大学生参加。1957 年为庆祝法国学联成立 50 周年和国际文化节，30 个与会国代表一致同意，决定定期举行世界大学生运动会，原则上每 2 年举行 1 届。第一届于 1959 年在意大利都灵举。正式规定比赛项目有田径、篮球、排球、网球、体操、游泳、跳水、水球和击剑 9 项。另外东道国有权再增加一项。

5. 世界杯足球赛

是国际足联主办的反映现代足球运动最高水平的比赛，每 4 年举行 1 届。其中因第二次世界大战的影响，1942 年和 1946 年停办 2 届。比赛由预选赛和决赛两个阶段组成。预选赛按洲举行，并根据国际足联分配的参加决赛名额，选出参赛队。决赛阶段一般是集中到承办国的几个城市中进行；其赛制一般是采用先分组循环后淘汰的混合制。从1896年第一届奥运会上就设有足球表演赛，1912年第五届奥运会将足球列为正式比赛项目。但因国际奥委会章程规定，只允许业余选手参赛，各国许多职业足球运动员就无法进入国家队，使得奥运会的足球比赛不能代表世界最高水平的比赛。

6. 世界篮球锦标赛

是国际业余篮球联合会主办的国际篮球比赛。一般每4年举行1届，男女分开，异地举行。通常参加世锦赛的队是上届奥运会的前3名，上届锦标赛的前3名，以及南美洲、中美洲、欧洲、亚洲、非洲、大洋洲的冠军队，东道国和东道国的特邀队。比赛分三组预赛，取各组前两名，加上上届冠军队和东道国队共8个队，采用单循环制决赛。

7. 世界排球锦标赛

是国际排球联合会主办的国际排球赛。每4年举行1届。原在奥运会年举行，1962年起改在奥运会后第二年举行（女子第五届除外）。1949年男子在捷克斯洛伐克举行第一届。1952年女子在苏联举行第一届。原规定男、女各24支队参加，1982年国际排联规定16支队参赛。一般采用分组预赛、半决赛、决赛。

8. 世界杯排球赛

是国际排球联合会主办的国际排球赛。每4年举行1届。1956年男子在波兰举行了第一届，1973年女子在乌拉圭举行了第一届。在奥运会后一年世界锦标赛前一年举行。男、女各8支队参加，他们是上届杯赛冠军，上届锦标赛冠军，亚洲区（包括大洋洲）、欧洲区、中北美洲及加勒比区、南美洲区、非洲区的冠军队和东道国。

9. 世界田径锦标赛

是国际业余田径联合会主办的国际田径比赛，每4年举行1届。比赛在每届奥运会前一年举行。1983年在芬兰举行第一届。以各国或地区田径协会为单位参加，锦标赛前一年达到报名成绩标准的选手方有资格参加。比赛项目男女共有40多项，会期8天（包括中间休息一天），从星期天到下个星期天。

10. 全国运动会

简称"全运会"，是中国最大的全国性综合运动会，每4年举行1届，以省、直辖市、自治区、行业体协和中国人民解放军为单位参加，是对全国体育运动水平的大检阅。1959年在首都北京举行第一届。比赛项目包括游泳、举重、击剑、篮球、排球、足球、乒乓球、羽毛球、手球、跳水、射箭、摔跤、自行车、武术等数 10 项。

（二）熟悉和了解体育竞赛规则

任何一项体育竞赛都有它特有的规则。应该说，体育竞赛的规则是体育比赛的法律，而裁判员是执法的法官。

我们欣赏一场体育比赛，如果不懂得体育竞赛的基本规则，那仅仅是看热闹，局限于体育欣赏的低层次。对于比赛中双方的斗智斗勇、胜负转换和裁判员的判罚会感到茫然，甚至还会对裁判员、运动员无端指责。更体会不出比赛中技术战术的运用、美的享受、丰富的情趣和思索的哲理。

体育竞赛规则是指为进行比赛而制定的统一规范和准则。各个运动项目都根据本项目的特点制定竞赛规则。国际竞赛规则由相应的国际单项体育联合会制定。中国竞赛规则由国家体育总局审订和颁布。其内容主要包括裁判名称和职责，竞赛的组织方法，评定成绩和名次的方法以及有关场地设备和器材规格等。不同运动项目有不同的规定，如评定成绩和名次主要有以下三种不同的方法。

1. 以时间、距离、重量、命中环数等客观标准评定

如田径的径赛、游泳、自行车、速度滑冰、划船、自行车以及越野跑、马拉松跑等以时间评定，时间愈短，成绩愈好；田径的田赛，在同一项目中跳得越高、愈远，投掷距离愈远，成绩愈好；射击、射箭比赛，命中环数愈多成绩愈好；举重比赛，同一级别中在规定次数与时间中举的重量愈重，成绩愈好等。

2. 按规定条件和动作质量评定

如体操、艺术体操、健美操、武术、健美、花样游泳、花样滑冰等表现性项目，一般采用几个裁判同时评分，然后根据各个项目的具体规则和计分方法评出运动员的得分，再排出运动员的名次。

3. 根据战胜对方和特定因素评定

如各种球类项目、摔跤、柔道、踏拳道、击剑、拳击等比赛。像篮球、足球、水球、冰球、手球等项目，如果在规定时间内战成平局，则要增加比赛时间来决出胜负。篮球比赛延长时间是 5 分钟为一个决胜期，必要时可有若干个决胜期直到分出胜负。足球比赛延长时间是 30 分钟（分上、下两半时，各 15 分钟，中间休息 5 分钟），如延长期仍无胜负，则以踢点球来决定胜负。

第二节 运动技能分析

一、运动技能的定义和本质

（一）运动技能的定义

运动技能也称动作技能，是研究人类学习、获得和保持动作技能，及其各种动作技能形成机制与相互影响的一门新兴学科，同时也是一门还不够成熟的边缘学科。后来把运动技能的"Skill"和"Learning"混称了，可能是在运动技能学习中，用"学习"一词覆盖面更广泛，至于为什么把"运动技能学习"称作"运动技能学"，也许是因为习惯用语，或者概念化了。实际上运动技能学习的含义很广泛，它可以包括各行各业、各种各样通过肌肉活动而学习到的技能：战士的射击技能，建筑工人的盖房技能，运动员的运动技能等。所有这些技能都必须通过学习才能获得和熟练掌握。体育教育的任务之一是教会学习者如何掌握某些运动项目的技能，从而达到锻炼身体、增进健康或参加竞赛、创造成绩的目的，而运动技能学习是为达到这一目的不可或缺的重要内容。因此，在一些西方发达国家的高等学校，把运动技能学作为一门基础理论课。

1. 运动技能定义

由于学者的认识不同，所以其表达也不同。在探讨这个词的同时还应当注意到一个不可忽视的问题，就是心理学和运动心理学界给运动技能的定义偏重于对学习过程变化的描述，而生理学和运动生理学界则更偏重于对运动技能形成的机制的表述。

2. 运动技能的特性

首先，有完成的目标，或者称为"动作目标"。其次，技能是自主的运动。虽然"眨眼"有一定的目的，但它是不自主的，所以不是运动技能。第三，运动技能要求身体或肢体运动来完成动作的目标，虽然阅读和数学计算也是技能，但是它们不要求身体或肢体的运动来完成目标。所以，这些技能不属于运动技能。第四，运动技能的共性是必须通过后天的学习获得的。比如，有人认为走路是一种"自然"的技能，实际上是需要在幼儿时期通过学习才能学会。

3.运动技能作为完成质量的含义

当谈及一个有运动技能的动作完成者时，技能这个词会产生更多的混淆。此运动技能指的是"有质量的完成动作"的意思。这里这个词暗指一个由客观决定的熟练程度等级。熟练程度可以用不同的方法来表示。

第一种表示方法：用成功率的等级来描述熟练程度。例如，当一个人的篮球罚球命中率达到80%的时候，即可认为这名球员是有运动技能的。当一个网球运动员一发成功率达到60%到70%时，一般认为他的发球是有运动技能的。这种表示方法的重要特点是把成功率和动作完成的情况联系起来。例如，对一个有运动技能的职业篮球运动员的评定标准比一个有运动技能的少年篮球爱好者的标准要严格得多。

第二种表示方法：根据动作完成的某个特性来评判。这个特征包括诸如动作完成的连续性、抗干扰能力、对事情的预见性等。例如，一个射击运动员接连射击，人们不会立即说他是有运动技能的射击选手。只有当看到他每场比赛的命中率都很高时，才会说他是具有运动技能的射击选手。一个有运动技能的乒乓球运动员，在接发球时不会受对手各种假动作的影响，正确判断出球的旋转。而一名没有运动技能的球员则很容易受到这些假动作的迷惑。又如，当一个控制球的足球运动员直到对手来到身边时，还不知道是该选择传球，还是该选择射门，人们很难认为这名球员有运动技能。

（二）运动能力与运动技能

人们在日常谈话中几乎混淆了"运动能力"和"运动技能"这两个词的含义，并常常错误地互换使用。例如，当人们看到一个儿童打羽毛球表现出高水平的"运动技能"时，就会说："那个小孩打羽毛球的运动能力很强"。一般说，运动能力是遗传决定的，而且在很大程度上是无法通过训练或个人经历而改变的。但是运动技能则主要是一种后天能力，是训练和学习的结果。运动能力可以被当作是人类与生俱来的"随身设备"。而"运动技能"是在人们执行特定动作任务时学习到的完成动作的技能，如武术的套路动作，或体操的连续动作等。

具有完成某种动作任务先天能力的人，再用很多时间练习执行这个动作任务，可起到锦上添花的作用，取得更加优异的成绩。例如，体操王子李宁具有出色的适合于练习体操的身体形态和良好的身体能力，而且在后天还要从事大量的体操技能训练。李宁的成功，是其所具有的优异遗传能力和长期进行刻苦的专项训练两方面因素促成的结果。

总之，一个人最终达到的运动技能水平，一方面取决于他固有的完成动作任务所需的先天运动能力，另一方面还取决于他参与执行动作任务练习的数量和质量。

先天的遗传因素是运动员成功的先决条件，如果没有良好遗传因素，单靠后天的艰苦训练，运动员也难成大器。然而，有了优越的先天条件，还得靠后天的努力和训练，潜能才得以完全发挥。例如，有些运动员在早期训练并不引人注目，但是通过长期的训练却成为优秀的选手。这也所谓"玉不琢，不成器"。一位拥有运动天赋的运动员，同时也离不开教师和教练员的精心培养。

（三）运动技能的本质

运动技能是在大脑皮层指挥下由骨骼肌参与的随意运动。所谓随意运动，指的是这种运动的发生与形成，是受意识支配，服从于一定的目的与任务。它与本能不同，是在后天生活中学习而形成发展起来的。

随意运动主要通过骨骼肌的收缩来实现。如果没有骨骼肌的收缩，人体便无法进行任何运动。正如巴甫洛夫所说："骨骼肌是专门面向外在世界进行活动的主要器官"。人体用于实现这种随意运动的骨骼肌有 600 多条。这些肌肉的工作并不是孤立的，单独进行的，而是互相配合的。这些肌肉的活动，受中枢神经系统的调节。任何一条肌肉如果没有来自神经系统的冲动，它既不能收缩，也不能舒张。肌肉收缩活动与神经系统的兴奋状态相联系。神经系统是工作器官的发动者，调节着各器官的活动。

一切随意运动，严格地讲，都是反射。谢切诺夫首次提出了人的随意运动的反射本质，并进一步指出，大脑活动的一切外部表现都是肌肉运动。人的随意运动从感觉开始，以心理活动为中继，以肌肉活动而告终的一种反射。

动物实验证明，切除狗的两个肢体，经过一段时间后，残留的两个肢体还可重新学会走路，甚至能跑。此时如切除大脑皮质，新获得的运动技能全部消失。类似这样的事实，在人体上也能看到，由于某些外伤造成的肢体残废的人，经过长期训练仍可掌握很多运动技能。如果由于某些原因造成大脑功能障碍，就会造成肢体残废，不能再获得新的运动技能。

综上所述，运动技能的本质是人的随意运动，是通过后天练习获得的。其生理机制是运动条件反射暂时性神经联系，是以大脑皮层为运动基础的。学习和掌握运动技能的过程，其本质就是建立运动条件反射的过程。

1.运动技能形成的连锁反应理论

用刺激 - 反应公式的连锁反应系列理论来解释运动技能的形成。刺激引起反应，第一个动作反馈调节着第二个动作，第二个动作反馈调节着第三个动作，依此类推。于是就产生了运动技能的连续性的运动反应。

例如，跳远的连续动作助跑—起跳—腾空—空中动作—着地。又如，掷铁饼的连续动作。

2.运动技能形成的认知心理学理论

该理论是用信息加工的观点来解释运动技能的形成过程。各种感觉器官接受输入的信息，通过大脑的动觉细胞感知身体的运动，经过短时记忆转人第二阶段。这一阶段即对感觉做出反应，又激起效应器的活动，而效应器的活动通过反馈进一步得到校正和加强。

二、运动技能的分类

运动技能分类的目的是为运动员、教练员和体育教师提供教学和训练的便利。对运动技能分类的方法，即要考虑科学性又要考虑如何使学习者更易于接受。运动技能的分类方法有很多种，在此，我们只按技术的特点、动作的连续特点以及运动项目进行分类。

（一）按技术特点分类

按技术特点，运动技能可以分为周期性运动技能、非周期性运动技能、周期性与非周期性混合型运动技能三种。

1.周期性运动技能

周期性运动技能的特点：

（1）完成动作不受外界环境的影响。

（2）基本动作环节是重复的、千篇一律的完成相同动作。

（3）反馈信息主要来自本体感受器。

此类运动技能主要依据运动员本体感受器的反馈进行调节，而基本不受外界环境（场地、器材、对手等）的影响，如游泳、跑步、自行车等项目。

2.非周期性运动技能

非周期性运动技能的特点：

（1）完成动作时，受外界环境的影响。

（2）基本动作环节是多种多样的。

（3）反馈信息来自多种感受器。

此类运动技能主要信息来自外界环境（场地、器材、对手等）的影响，据此决定采取动作的方式，如拳击、足球、篮球、乒乓球、网球等项目。

3.周期性与非周期性混合型技能

周期性与非周期性混合型技能具有两者共同的特点，如跳远等项目，前半程具有周期性项目的特点，后半程具有非周期性项目的特点。

（二）按动作的连续性分类

根据运动技能的起点和终点，把运动技能分为不连续性、连续性和系列性三种运动技能。

1. 不连续性运动技能

如果一个运动员能有明显的起点和终点，有明显的开始和结束，动作流畅，不停顿，快速，在很短时间内完成，如篮球的传球、投篮以及拳击的击打等动作。

2. 连续性运动技能

每个动作没有明显的开始和结束，要多次重复相同的周期性动作，动作越熟练在每个动作环节作用的时间及动作距离的差异就越小，连续性运动技能的开始和结束较为随意。通常由动作的执行者或其他外界因素决定，而不是动作技能本身特点决定技能的开始和结束。而且连续性运动技能是重复性的，要求人在完成这个技能时重复一些动作。像体育运动中的游泳和跑步都可以看作是连续性运动技能，因为动作的开始和结束由动作完成者而不是由动作本身决定。连续性技能一般在较长的时间内完成，而且大部分项目可以用计时的方式做出评价，因此评分比较客观、准确，如游泳、跑步等。

3. 系列性运动技能

把不连续动作组合在一起，可以成为一系列运动技能，如开汽车是一个很好的例子，因为其中由一系列不连续的运动技能组成，如启动发动机、踩离合器、挂挡，动作要按一定的顺序，把单个的不连续动作结合在一起准确地完成。系列性能介于不连续性和连续性技能之间，是由单个按不连续动作组成连续的、一套完整动作，如竞技体操的成套动作。

三、运动技能和身体素质

身体素质训练是运动技能学习的基础，没有良好的身体素质，就不可能学习到和获得高水平的运动技能。反之，在运动技能提高的过程中，也相应地提高了身体素质，所以二者相辅相成，你中有我，我中有你。两者的不同在于，运动技能的数量是相对无限的，而身体素质形成是相对有数的：运动技能是人出生以后，学习到的条件反射，其获得是以后天学习为主，而身体素质是先天与后天共同影响的产物；另外，身体素质的评估大部分可以量化，而对运动技能的评估不易做到量化。

（一）身体素质与运动技能的关系

体育运动的发展和提高，要求人们具有良好的身体素质，并以此作为基础来学习运动技能。身体素质的发展，在于人体机能能力的不断扩大和增强，而运动技能水平的提高，则在于运动技能的不断改进和创新。可以说，身体素质是运动技能的基础，随着运动技能水平的提高，同时身体素质也会得到发展。身体素质的提高又为进一步改善运动技能打下了良好的基础。所以运动技能与身体素质的关系是相辅相成，相互影响的。运动技能与身体素质好似一对李生子，两者相伴而行。

运动技能是指人体在运动过程中完成专门动作的能力，这种能力包括在大脑皮质主导作用下对不同肌肉群的协调的力，即在一定的时间内正确完成使用肌肉的能力，这就需要按一定次序，在稳定的空间和时间内去合理运用力量和速度。人的身体素质可以分为上多种，它们都与运动技能有着紧密的关系，但是从技能形成的生理依据来看，协调素质、柔韧素质、力量素质、平衡素质、灵敏素质、准确素质与运动技能的关系更加密切。

（二）协调素质与运动技能的关系

1. 协调素质

协调性是指人体各肌肉群同步活动的能力，如伸肌和屈肌、上肢与下肢、躯干和肢体等。协调是运动员高质量完成动作技能的重要素质之一，是从事各项运动时与运动技巧有关的重要素质。

协调素质与运动技能的关系最为密切。运动员的协调能力能反映出速度、准确、平衡、柔韧各种素质与高难度运动技能的协同关系，只有具有良好协调素质的运动员，才能够出色地施展优美的运动技能。

协调性活动的完成是在中枢神经系统统一指挥下，对刺激做出选择并执行一切正确反应的结果。运动员在做动作时无论是简单的还是复杂的，都是肌肉协同完成的，如手臂做屈肘这个简单动作时，如果肱二头肌和肱三头肌都兴奋，就根本不可能做出任何动作，只有肱二头肌兴奋（收缩），而肱三头肌抑制（舒张）时，才能完成所要做的屈肘动作。如果是一项复杂的动作不停地继续练习，多次地重复、兴奋和抑制过程变得更加协调，才能做出稳定的、协调的、美观的成套动作。

协调素质分为一般协调和专项协调。一般协调是在完成基本运动技能的基础上初学动作的人所具备的最基本的一般协调能力，等到练习专项运动技能时，一般协调能力就不够了，必须提升为专项协调能力。换言之，一般协调能力是专项协调能力的基础，专项协调能力又是完成专门运动技能的保证，专项协调素质的作用可以保证在完成专门运动技能时，动作做的省力、流畅、准确、快速，可以起到事半功倍的作用。

各种运动技能根据其完成的时间、空间和方向，提出了评定协调素质的三个标准。首先，运动技能的难度：运动技能的动作有难有易，一般来说，周期性运动项目动作比较简单，比非周期性运动项目和混合性项目的动作容易学习。其次，运动技能的准确性：如果一个动作在时间上、角度上与运动生物力学的用力原理相符合，在做这样的运动技能时，即协调省力又准确优美。对准确性很高的一些成套的运动技能，都是按照运动力学和生理学的规律来编排的。第三，掌握运动技能的时间：运动技能的复杂性与完成动作的时间也有着密切关系，协调技能好的运动员比协调技能差的运动员在完成动作的时间上要快得多，协调素质好，完成动作快，运动成绩肯定会好。如拳击、球类、柔道等项目，出手快，反应快，发力快，动作如闪电，当然会占便宜，直接影响技术发挥的效果，因而取得好成绩。快速完成动作的生理基础是，在完成动作的一刹那，在中枢神经系统协调指挥下，使肌肉收缩与放松有良好的协调完成动作的能力。在此过程中，感觉器官特别是运动分析器与本体感受器指挥肌肉收缩的协调性，是影响运动技能水平的重要因素。通过系统训练提高本体感受器的感觉，进而运动系统向效应器发出准确和快速的信息，因而完成高水平的动作。

2. 影响协调素质的因素

（1）遗传因素

协调能力受遗传影响很大。协调性虽受遗传的影响很大，但经过后天的努力仍可提高。例如，有些儿童少年刚开始做动作的协调能力并不好，可能是受遗传的影响。但是随着年龄的增长，又经过系统的训练，在力量、速度及柔韧等素质提高的同时，协调能力也有了明显的提高，这说明协调性一方面受先天遗传的影响，另一方面后天的训练协调素质也会得到发展。

（2）年龄因素

协调性最适宜从青少年阶段开始练习。因为这一时期是协调素质发展的敏感期。协调能力是人体各种机能的综合表现，随着年龄的增长，各种素质会随之提高，而协调素质也会相应地得到改善。研究表明：7 至 14 岁是发展协调能力的最有利时期；其中 6 至 9 岁是"一般协调能力"发展的最有利时期，9 至 14 岁则是发展"专门性协调能力"的有利时期。青春期开始后的几年内（13 至 16 岁），左右协调能力的发展则不太稳定，可能是由于心理及内分泌产生急剧变化所致。从 16 至 19 岁，可表现出极好的、稳定的协调能力，可能是由于其他素质的发展，它们之间相互作用，互相促进的原因。

（3）其他因素

动作技能的完成需要以各项素质为基础，仅仅是根据项目特点，有主要和有次要的素质参与而已，特别是对完成技术过程中直接参与工作的肌肉群而言，其协调能力直接与力量、速度、柔韧、平衡等素质的发展水平有关。因此，其他各项体能素质的发展过程与协调能力的发挥有很大的关系。

（4）智力因素

智力水平是影响协调素质与运动技能之间关系的重要因素，很多运动项目可表现出极好的动作协调能力，需要有聪明的才智和快速的思索，去想，去综合，去筛选，通过第二信号系统积极的思维活动，表现出熟练的运动技能。这是运动员通过中枢神经系统接受到各种信息，进行快速分析，综合后产生最适当反应的结果。

3. 提高运动技能协调的方法

（1）结合专项做相反向的动作练习，或者用非惯用手和脚进行训练，如篮球优势手是右手，那么就采用左手投篮或者运球，如足球运动员惯用的脚是右脚，那么就采用左脚踢球。如果在实验室训练，还可以采用面对镜子练习，做反方向的训练。

（2）加大难度训练法。利用不习惯的组合，使原本已习惯的动作复杂化。例如，练习时附加重物，改进原来已经建立的协调关系，进一步做新的协调动作，为动作加大难度。

（3）采用放松练习。一般说放松比紧张更困难，克服肌肉不合理的紧张，训练良好的调节肌肉的张力，这是保证动作协调、优美、节省能力的最佳方法，如跳舞、艺术体操，越是放松，姿势越优美。

（4）教练员在安排技能学习时，要注意协调性练习应安排在训练课的开始，这样注意力容易集中。

（三）灵敏素质与运动技能的关系

1. 灵敏素质

灵敏素质是指运动员迅速改变体位、转换动作和随机应变（特别是在对抗性项目中）的能力，可以说是运动员运动技能和各种素质在运动中的综合表现，是一种复杂的素质。对大多数的运动员而言，敏捷性是一项相当重要的运动能力，甚至是决定胜负的关键所在，如篮球运动的过人、拳击的闪身、羽毛球的"米"字形步法等，都需要具备良好的敏捷素质，才能将技术发挥得淋漓尽致。而敏捷性能力与肌力、反应时间、速度、爆发力以及协调性有密不可分的关系，甚至可以说是这些基本运动能力的综合表现。没有良好的灵敏素质，运动技能也难以发挥到较高水平。

2. 影响灵敏素质的因素

（1）皮层神经过程的灵活性与分析综合能力强，神经过程的灵活性好，兴奋与抑制转换得快，机体在环境发生变化时能够迅速地做出判断和反应。在对抗性项目中，如球类、击剑和摔跤等，随着运动形式的变化动作的性质及强度都将发生变化，机体必须迅速对情况做出判断。

（2）感觉器官的机能状况，在完成动作的过程中，需要运动员具有良好的感觉机能，表现为动作准确，变换迅速，并且在空间和时间上表现出准确的定时定向能力，这就要求各种感觉器官如视、听、位和本体感觉等器官具有高度的敏感性。同时，做好充分的准备活动，适度降低肌肉紧张度，解除肌肉活动时内在的阻力，也可以提高灵敏素质的水平。

（3）运动技能的巩固程度，灵敏素质是多种运动技能和身体素质在运动中的综合表现，掌握的运动技能数量越多而且越熟练，灵敏素质就能更加充分地表现出来，动作协调稳定且高度自动化，在活动中则表现得更加灵活省力。

（4）影响灵敏素质的其他因素。提高灵敏素质还需要有一定的力量、速度、耐力及柔韧性等素质，这样才能真正地适应复杂的环境变化，做出准确的反应。

此外，灵敏素质还受年龄、性别、体重和疲劳等因素的影响。一般认为，少年时期灵敏素质发展最快；男孩较女孩灵活，尤其在青春期后，男孩的灵敏性更好；体重过重会影响灵敏素质的发展；身体疲劳时，爆发力、动作速度、反应速度及协调性等都会下降，灵敏素质也会显著下降。

第三节 心理健康

一、心理健康的含义与标准

什么是心理健康，怎样才算是心理健康，这是心理健康教育研究首先应该明确的基本问题。对这一问题的最终的认识势必影响我国心理健康教育的发展方向，同时，能否解决好这一问题，直接关系到心理健康教育实践的一系列问题，如心理健康量表的制订，心理健康的诊断以及心理健康教育的内容和目标等。从 1995 年开始，我国许多学者对此进行了探讨，并由于存在分歧而引发讨论，曾一度形成了该研究的高潮，而且取得了重要进展。近年来，关于心理健康的含义和标准、心理健康教育的内容和模式有了正确的方向。

（一）心理健康的含义

心理学家对心理健康至今尚缺乏统一的认识。国内对心理健康的认识大多数是从世界卫生组织关于"健康"的定义出发的。世界卫生组织（WHO）在1948年成立时，在宪章中将健康定义为"健康乃是一种生理、心理和社会适应都达到良好的状态，而不仅仅是没有疾病或虚弱的状态"。接着，提出了10条健康的标准，其中1至5条与心理健康有关：有充沛的精力，能从容不迫地担负日常工作和生活，而不感到疲劳和紧张；积极乐观，努力承担责任，心胸开阔；精神饱满，情绪稳定，善于休息，睡眠良好；自我控制能力强，善于排除干扰；应变能力强，能适应外界环境的各种变化。

心理学家英格里士将心理健康理解为："心理健康是指一种持续的心理状态，当事者在那种情况下能作良好适应，具有生命力，而且能充分发展其身心的潜能，这乃是一种积极的丰富的情况，不仅仅是免于心理疾病。"国内有些学者认为，心理健康是个体内部协调与外部适应相统一的良好状态；也有人认为，心理健康乃是个体在各种环境中能保持一种良好的心理效能状态，并在与不断变化的外部环境的相互作用中，能不断地调整自己的内部心理结构，达到与环境的平稳与协调，并在其中渐次提高心理发展水平，完善人格特质。综合分析国内外学者的论述，我们发现，一个良好的心理健康定义都强调了个体的内部适应和外部适应，都视心理健康为一种内外协调的良好状态。因此，我们可以简单地认为，心理健康就是个体内部协调与外部适应相统一的良好状态。另外，我们在理解心理健康的时候，应注意到以下几点。

第一，心理健康有广义和狭义之分。广义的心理健康是指高效而满意的、持续的心理状态；狭义的心理健康，是指人的基本心理活动过程内容完整、协调一致，即知、情、意以及个性完整和协调。

第二，心理健康应有不同的层次。杰何达提出"积极心理健康"的概念，并将其与"消极的心理健康"作相对的区分是有道理的。行为主义、精神分析学家认为人的行为的根本动力就是追求平衡，降低内驱力，消除焦虑；而人本主义则认为人的生活不仅仅是追求内心的平衡，更重要的是追求不断的成长和自我实现。如果将消除过度的紧张不安、达到内心平衡状态称为"消极"或"低级"的心理健康，那么"积极"或"高级"的心理健康就意味着有高尚的目标追求，渴望生活的挑战，寻找生活的充实与人生的意义。也有学者将心理健康视为一个连续的状态，大致可以分为严重变态、轻度失调、常态和很健康。从常态到很健康是一种趋向，即正常心态的人如何从"正常"的心理向"更为健康"的心理转变，如何从一般的心理健康向更高的心理健康水平转化。

第三，心理健康是一个动态的过程。心理健康不是一个静态的平衡，趋向平衡与追求不断成长使得人在平衡与不平衡的交错中进行自我调整，与现实保持动态的协调。也就是说适应和发展是心理健康考察的基本对象。由于个性生理的成熟，环境和教育条件的改变，造成个体的心理冲突，引发原有的适应平衡状态被打破，而新的环境和心理需求要求高一级的心理水平才能适应，从而引发了个体经过积极的心理调整重新达到新的心理平衡状态。这种个体心理平衡—不平衡—平衡的循环的过程就是心理适应水平不断提高的过程，即心理发展的过程。所以，心理健康是一个由低级水平向高级水平不断发展的动态过程。

（二）心理健康的标准

心理健康的标准是心理健康内涵的具体化。有人统计过，国外有十几种心理健康标准，国内学者也持有不同的心理健康标准。形成这种状况的原因主要有两方面，一是诸多心理学流派健康观的差异性，二是判断心理健康的依据不同。

1. 各心理学流派的健康观

不同心理流派关于心理健康的论述，为后人提供了充满差异的健康心理学理论背景，进而也造成了心理健康标准的多样性。心理学史上比较重要的心理学流派都曾提出过各自的心理健康理论。

精神分析学派：精神分析学派的弗洛伊德、弗洛姆和艾里克森提出了自己的主张。弗洛伊德认为，心理变态的原因是由于本我、自我和超我三者的冲突造成的，健康的核心就是自我不再受到本我的冲击和超我的压抑，而形成一种协调的综合力量。因此，他从心理失调者身上反推出，获得健康人格的途径是克服病人的心理障碍。新精神分析代表人物弗洛姆则注重对现行社会的改革，他把心理健康研究的重点放在对有"生产性的人"的心理特征的探究上。他重视开创思维、开创性的爱、幸福和良心等心理品质的重要性。艾里克森从人格发展层面提出人的毕生发展观，认为人在心理发展的每个阶段都存在危机，克服危机，个体便能顺利地向下一个阶段转变发展。

行为主义学派：行为主义学派代表人物华生、斯金纳只注重研究人的行为和刺激强化之间的关系，认为行为是学习的结果。在他们看来，人的心理疾病是一种适应不良或异常行为反应，是由过去生活历史经过条件反射过程而固定下来的。改变强化模式，就可以矫正所有的异常行为。

认知学派：认知学派强调认知因素对人心理和行为的决定性影响，认为一切问题均出自不良认知，因此，通过认知上的自我调节，消除不合理观念，输入合理观念，再加上良好的环境诱因，就能减少烦恼，恢复心理健康。

人本主义学派：人本主义学派特别强调人的价值系统、需要、动机和潜能的发挥等因素。马斯洛认为，那些充分发挥了潜能，实现了自我的人，即是心理健康者。罗杰斯则认为，那些保持自我结构和经验协调一致的人是机能完善的人，也是心理健康的人。

2. 心理健康的判断依据

造成心理健康标准不同的另一个重要原因就是判断的依据不同。概括起来，心理健康标准的判断依据有 6 种。

（1）以统计学上的常态分布为标准

这种标准以正态分布理论为基础，根据个人的心理行为是否偏离某一人群的平均值来区分心理健康与否。这个标准的优点在于：可使心理健康标准客观、具体、量化，便于比较和分类，易于操作。反映了心理健康标准的相对性。但并非所有的对平均数的偏离就意味着心理健康有问题，健康与不健康是相对的，它们之间没有明显的界线。

（2）以社会规范为标准

这种标准以每个社会都有一些被大多数人所接受的行为规范为前提，认为个体的行为符合公众认可的社会行为规范就视为健康，否则就是异常。应该承认，以社会规范的适合程度作为判断心理健康的标准是必要的。但社会规范本身存在着地域性、历史性方面的局限，因为各个社会的政治制度、文化背景、风俗习惯不同，故而衡量一个人的行为是否符合社会标准也就随之有异议了；另外，社会规范也会随着社会的进步而发生变化和改革，现在一度被当作是不符合社会规范的行为，将来也许正是社会所推崇的。

（3）以医学上的症状为标准

这种标准从医学的角度来进行确定，认为没有心理疾病症状者为心理健康的人，凡表现出心理疾病症状者为心理不健康者。这种医学标准相比较于其他标准而言，较为客观，也较少争议，但由于偏重于病因与症状而使得其应用的范围狭窄。事实上，无医学病因和症状者不能都被当作心理健康者。尤其从学校心理健康教育领域来看，其服务对象是学生，有严重心理疾病的毕竟是少数，如果从这一标准出发来指导学校心理健康教育，就不可避免忽视学生发展性的一面。因此，医学标准对于解决这一领域的问题是有限的。

（4）以学习、生活适应为标准

这种标准认为，善于学习、生活适应者为正常的，学习、生活适应困难者则为不健康。这种标准有一定的道理，但是实际上，学习、生活适应的好与坏不完全由心理素质来决定的，因而也有一定的局限性。

（5）以个人的主观经验为标准

这种标准认为，当事人如自觉痛苦、抑郁，则被认为心理不健康。应该承认在判定一个人是否健康时，个人的主观体验是重要依据之一，但这个依据往往只是一个辅助性依据，可用于正常的人群。因为有些严重的精神疾病患者反而自觉愉快，或否定自己患病，而这恰恰是不健康的表现。

（6）以心理成熟与发展水平为标准

这种标准认为个体身心两方面成熟和发展相当者为正常，心理发展水平较同龄人明显低者为异常。以这种标准来判断心理健康与否也具有一定的合理性，但会面临这么一个问题："智力超常者是一种异常，这种异常却不但不是病态，反而有自己的优势"。此外，这一标准还忽视个体社会性的一面，客观性不够，缺乏操作性。

其实，通过分析上述 6 种标准，可以发现其中有一个共同原则，这个原则是基于两个假设而建立的：第一，在任何情况下，组成社会的大多数成员都是健康的，不健康的永远是少数；第二，社会是健康的，不健康的永远是个体，也就是说，社会成员中绝大多数人的心理行为是正常的。偏离这一正常范围的心理行为可看作是异常的。这一原则成为"众数原则"。

众数原则集中体现于常态分布标准，作为鉴别心理健康的主要手段之一而被广泛运用。众数原则显然存在问题，许多学者对它提出了异议。对众数原则的异议主要来自人本主义心理学家。马斯洛作为人本主义心理学的代表人，认为人生而就有的天性需在环境条件（尤其是在一定社会条件）下才能发展成现实的人格或心理品质。如果环境条件提供了适宜的发展土壤，人就能顺其天性发展出良好的人格或心理品质。反之，就有可能阻抑、歪曲人的天性，发展出不健全的心理品质。在极端的情况下，可能一个社会中占主导地位的文化条件本身就是异常、压抑人的天性的。在此条件下，大多数人可能不能顺其自然发展，出现大量"适应良好的奴隶"。这样，再以"众数"所代表的人格就不是什么心理健康，就是荒唐的。在否定实证主义的"众数原则"之后，马斯洛提出了一条与众不同的研究心理健康标准的思路，马斯洛称之为"尖端样本统计学"。马斯洛认为，自我实现的人基本是其内在本性发展得最为充分的人，这样的人才代表着真正的心理健康。因此，心理健康的标准应该根据自我实现者的心理品质来确定，即以自我实现者所共有的那些心理特点作为心理健康的标准。由于自我实现者在全人口中占少数，他们在常态分布中处于一侧的尖端，所以称为"尖端样本统计学"。其他人本主义者的思想也基本一致，如罗杰斯把心理健康当作"机能充分发挥"，奥尔波特称为"成熟"，弗洛姆看作"有创造力"等等。人本主义的标准被当作是一种

"精英思路"。

二、大学生心理健康调适方法

心理健康是大学生学习和工作的基础，是个人全面健康的极为重要的部分，它同人的生理健康一样重要，健全的精神寓于健全的身体，心理的健康有助于生理机能的发挥。许多心理问题能够直接引起某些疾病的发展。例如，不良的情绪可使中枢神经系统的平衡受到破坏，使内分泌腺失调，引起骨骼和内脏肌肉的紧绷现象，以及产生各种身心疾病，甚至使一个人的身体机能全面衰竭。如果心理不健康，就很难进行各项活动，学习和工作就失去了基础。

这就要求大学生在讲究用脑卫生的同时，要培养良好的情绪和健全的人格，具有乐观、积极、奋发、开朗的胸怀和良好的心理素质。甚至在逆境中也能保持身心健康，顺利完成学习任务。

（一）大学生心理健康调试

1.适应社会，尊重现实，树立正确的人生观

当代大学生处于经济腾飞、科技迅猛发展和知识创新的时代，只有顺应潮流，才能将自己所学的知识用于社会。每个人都无法回避现实，大学生只有在现实生活中确立正确的人生观，保持乐观进取的人生态度，面对社会问题，冷静思考自身所处的环境来学习和生活，增强竞争意识，进行自我塑造，才能适应社会，保持正常心态，避免心理失衡。

2.正确审视自己，确立恰当的自我价值目标

在社会实践活动中，要善于找准自己的位置，客观地看待自己的特长和优势，做到扬己之长、避己之短。凡事量力而行，不好高骛远或降低期望值。根据自己的实际情况，给自己确立切合实际的目标，在为之奋斗的过程中表现和发展自己，增强信心，积极进取，从而形成合理的心理支点。

3.面对挫折，采取正确的解脱方式

对于大学生来说，挫折和失败是难免的，面对挫折，害怕和逃避只能加剧心理矛盾，使自己陷入痛苦的深渊中。在挫折面前要保持清醒的头脑，调动自己的心理防御机制，缓解和排除因挫折引起的不良情绪的困扰，以减少内心痛苦，恢复心态的平衡与稳定。其方法有：

（1）在遭受挫折或无法达到追求的目标时，可以积极地寻找一些理由来解释和安慰自己。这些理由尽管不一定正确，但可以避免精神上的苦恼。

（2）遭受挫折时，可采用一种不伤害他人的方式来抒发心中的积怨，以使心情舒畅起来。情感的宣泄是一种缓解心理压力、保护心理健康的有效途

径。如：目标转移法——把注意力从挫折源中转移到其他较为轻松的活动中去；向他人倾诉法——把内心的痛苦与不快诉说给可以信赖的亲朋好友，以得到他人的理解和帮助；自我倾诉法——把心中的不快用日记等方式记载下来，以稳定情绪，起到维持心理健康的作用。

（3）有的大学生在心理上或生理上有缺陷，从而影响自我价值的实现。可以用多种方式来弥补这些缺陷，减轻自己的不适应和不足，以获得他人的认可，从而消除心理上的困扰。一种补偿是用一个目标来代替原来尝试失败的目标；另一种补偿是进行新的努力，以期某一弱点得到补救，转弱为强，来达到原来的目标。"失之东隅，收之桑榆"是对心理补偿的贴切诠释。

（4）主动进行心理咨询。大学生因遭受挫折而被心理矛盾所困扰，又不能及时解脱时，应主动进行心理咨询，咨询的方式有书信咨询、电话咨询、个别咨询等。咨询的对象可以是同学、朋友、家长、老师，也可以是德高望重的名人、专家、学者。通过咨询，求得帮助，宣泄情绪，缓解压力，排除障碍，改变不合理的认识方式，提高心理素质，健全人格，增强承受挫折及适应环境的能力，以实现身心健康发展。

（5）建立和谐的人际关系。良好的人际关系不仅是人类生存和发展的需要，也是调节心理失衡的重要手段和途径。因此，大学生要有交往意识，要善于与他人交往。在交往中要做到平等待人，关心他人，讲究信用，诚实宽厚，善解人意；同时避免人际交往偏差，如先入为主、小团体意识、唯我独尊、尖酸刻薄、嫉妒狭隘等。这样维持一种融洽正常的人际关系，使自己体验到在集体中的安全感、满足感，有助于个人的进取和发展。可见，为自己营造一个团结、友爱、融洽、充满集体智慧的学习生活环境，是提高抗挫折能力，避免心理失衡的有效途径。

（6）适当的体育锻炼。人的情绪是对客观事物是否符合自己的需要而产生的体验。符合自己的需要就会产生愉快情绪，反之就会产生烦恼或忧郁等情绪。人在受到某种挫折时，在头脑中会形成一个强刺激，从而引起一个兴奋灶，使人陷入痛苦和懊丧之中。如果能积极参加体育锻炼就可以转移脑皮层的兴奋中心。根据大脑神经活动的负诱导规律可知：运动中枢兴奋性强可抑制痛苦中枢的兴奋性。也就是说，人在体育锻炼时往往只注意身体的运动，而把烦恼抛到脑后，起到转移注意力的作用，有益于大脑活动的调节。同时，体育运动还能起到心理宣泄的作用，把被压抑的情绪和思想解放出来。通过体育运动还可以增加人际交往，改变孤独、抑郁、自卑等心态，使整个神经系统得到调解，从而维护心理健康。

（二）大学生心理咨询及治疗的一般方法

1. 支持疗法

支持性心理咨询与治疗是最基本的方法。它是通过支持与鼓励，使面临困难而又无所适从或情绪低落、抑郁的学生看到光明，得到依靠，恢复自信；通过细听倾诉，使内心有痛苦、怨恨、不满情绪的学生，有机会宣泄内心积压的情绪，从而减少其心理负担；通过解释指导，使因缺乏知识或不正确观念影响而产生烦恼、忧虑者调整原有的认识结构及观念，培养合理的适应方式。这种方法对于低年级大学生或女生效果较明显。

2. 心理分析法

心理分析法是试图破除患者的心理阻抗，把压抑在潜意识的冲突诱发出来，使患者明了症状实质，从而使症状失去存在的意义而消失。一般常涉及 4 种方法：自由联想、梦想、梦的解析、阐释、移情，即让患者在安静、舒适的环境中，无所顾虑地倾诉内心之苦；分析患者梦境的意义与个人愿望的关系；帮助患者分析各种心理活动，释其疑，宽其心；使患者把对亲人的感情转移到咨询、治疗者身上，取得患者信任，从而解决其痛苦。

3. 人本主义疗法

人本主义疗法的基本思想是咨询，治疗者不需治疗患者的行为，而是指导患者进行自我探索、内省，发现与判断自我的价值，调整自我观念，促使内心发生变化而达到治疗的目的。咨询、治疗者只在于创造一种良好的环境，形成真诚相待、设身处地的理解和无条件尊重的气氛。

4. 认知疗法

认知心理学认为人的心理行为受人的认识所支配，某些个人问题主要是由于在错误前提下对现实曲解的结果。咨询、治疗的关键就在于指导患者改变原来的认识结构，解除歪曲的想法而代之以更现实的思维方式，纠正不合理的信念而代之以合理的信念，从而达到改变原来不良行为的目的。合理情绪疗法（RET）是最常用的认知疗法之一。

合理情绪疗法认为，人们的情绪困扰是由于不正确的认知即非理性信念所造成的。因此，通过认知纠正，以理性治疗非理性，以合理的思维方式代替不合理的思维方式，就可以最大限度地减少不合理的信念给人们的情绪所带来的不良影响。合理情绪疗法不适合于无领悟能力者及对此法有偏见者。

5. 音乐疗法

通过音乐来改善和调剂人的生理和心理功能，达到治疗疾病和增进健康的目的。音乐治疗针对的是人的整体，通过对人整体的调整，使其取得协调一致。音乐治疗是一个复杂的过程，需要根据患者的病情、个性、文化程度、音乐修养等来选曲，同时需要患者发挥主观能动性。

6. 注意力转移治疗法

患者是出于某事某物的刺激而造成的心理病态，当患者想到这些，精神、情绪就越变越差。转移治疗法就是帮助患者把思想、注意力转移到其他事情或活动上，使受刺激之事在心理上暂时消失。经常这样可促使患者将思想或注意力转移到爱好、有兴趣的事情上来，使其自信、自控能力增强，精神状况好转，由原来刺激造成的各种不良心理得以恢复。

（三）提高涵养和情操，避免不良心态

情感服从理智。大学生的心理社会十分复杂，从情绪活动来讲，可以概括地分为愉快或积极和不愉快或消极两大类。凡能满足人们合理需要的事物就能产生积极、愉快的情绪，这种情绪不仅提高了工作效率，也保证了身体健康，称之为"增力情绪"；反之则容易发生愤怒、焦虑、紧张、痛苦等不愉快、消极的情绪，又称之为"减力情绪"，导致神经活动的机能失调。当精神上得不到满足或心境不佳时，就会烦闷、抑郁，以致使身体健康遭受损害。所以，联合国世界卫生组织提出了"健康的一半是心理健康"的口号。因为心理良好，能使人增强抗御外来种种不良刺激以及应付不利情况的技巧和能力。故马克思曾说"美好的心情，比十服良药更能解除生理上的疲惫和痛苦"，因此，有人把美好的心情比作心理的"维生素"。那么，如何才能保持心理健康？回答是：必须按照一定的原则和方法去做，但又要因人而异。这是由于各人的年龄、所受教育、知识水平、专业、经历、思想境界、道德品质、社会地位、处境等不同，因而心理是否健康以及健康状况的完美程度皆存在着很大的差异。故对每个人而言，为改善或提高自身的心理素质，应该是"缺什么补什么"，"哪方面不足就在哪方面下功夫"。

（四）情绪锻炼与保健

良好的情绪是心理健康的重要保证，也是身、心和谐的象征。但是，保持良好的情绪，特别是当环境变迁或境遇不佳时，不是所有的人都能办到的。例如，丢了东西（钱、财、物的损失），有的人能"看得开""想得通"，不多作计较，因而避免了因"伤物"而带来的"伤心"；有的人则相反，以致生气、懊恼的时间持续得很长，甚至一连几天愁云满面、苦楚不堪。这是由于各人的出身、性格、文化水平、思想修养以及生活经验等不同，面临不顺心或不如意、甚至不幸的事，在心理上引起的反应即所产生的情绪和情绪的激动程度以及控制情绪的能力不同所致。为此，许多医疗、保健专家建议：为了保持心理健康，平时注意提高自己的情操和思想修养（涵养）外，更有效的办

法是进行自我的"情绪锻炼"。因为情绪的激动，是由客观（外界）刺激所引起，被人的主观感受（体验）反映出来，并可由人的意志加以支配（掌握）的。因此，可以通过情绪的锻炼，即情绪的调节与控制，来保证人的心理平衡与健康。正如体育锻炼可使身体健康那样，情绪锻炼也可使情绪健康起来。

三、体育锻炼对心理健康的影响

体育锻炼增强体质，很多人把它理解为只是增进身体健康。其实体质包括身心两个方面。体育锻炼对心理健康也有着积极的作用。体育锻炼是人积极主动的活动过程，它可以有效地调整人的行为方式，也能有效地促进个体的心理健康。

（一）体育锻炼促进心理健康

要了解体育锻炼对心理健康的良好作用，首先应该知道什么是心理健康，这样才有助于同学们对照自己，对照他人，发现不足，有的放矢地学习知识，掌握方法，改善不良的心理。

1. 体育锻炼可以提高学习能力

人们参加体育运动往往需要全身心地投入，因此，体育运动不仅能锻炼身体，而且能增强大脑的认知功能。

（1）体育锻炼可以提高观察能力

体育锻炼项目丰富多样，运动情景错综复杂，需要锻炼者仔细观察、视野开阔、注意力集中等。这在一些球类项目中表现更为突出，例如篮球、足球、排球等。参与者如果注意力不集中，或者观察不仔细，或者视野狭窄，他就不可能有好的表现，就会出现很多失误，甚至受伤。反过来，如果锻炼者每次都认认真真，在运动过程中不断改进不足，运动锻炼就会给他带来良好的心理效益——提高观察能力。

（2）体育锻炼可以发展想象力

经常参加体育锻炼可以培养丰富的想象力。例如从事体操、舞蹈、武术、健美操等运动，需要在熟练掌握运动技巧的基础上发挥想象力，借助头脑中原有的运动形象，经过大脑加工而重新编制自己需要的新颖套路；而篮球、足球、乒乓球、拳击等运动，则要求在掌握基本技术、战术的基础上，能根据复杂多变的场上情况，采用随机应变的技术、战术，达到战胜对手的目的。经过长期训练，有助于发展锻炼者的想象力。

（3）体育锻炼可以发展思维能力

同其他人类活动一样，体育运动有思维活动的参与。体育运动中任何运动技术、技能的掌握过程，都是人的智力和体力活动相结合的过程，它不仅需要逻辑思维能力，而且需要运动思维能力，包括动作思维、战术思维等。20世纪60年代，美国加州理工学院神经心理学家斯佩里的研究结果表明，大脑右半球专管人的空间、形象、想象、模仿、直觉思维活动等，因此，在美术、音乐、体育、舞蹈的一些创造性活动中发挥重要作用。通过脑电图的研究表明，在进行运动操作时，右脑半球处于相对兴奋状态。可以认为，参与体育活动能很好地开发右脑功能。长期锻炼的人手快、脚快、动作快，是众所周知的，这是行为的外在表现，其内在的本质是心理的敏捷性突出体现在思维的敏捷性上。

良好的观察力、丰富的想象力、敏捷的思维能力是学习能力的重要组成部分，因此，长期坚持体育锻炼不仅强身还可健智，发展我们的学习能力。

2.体育锻炼在调节不良情绪方面效果独到

作为学生，他们虽然不像成年人那样在复杂的生活中经历着复杂的情感体验，但由于他们的年龄特征和学校生活的环境，也经常会遇到焦虑、紧张、压抑等情形。在这个时候，可曾体验过用体育锻炼的方式去排解这些不良情绪？其实体育锻炼是一种很好的不良情绪过滤器。

（1）体育运动锻炼与情绪密不可分，运动锻炼过程能产生丰富的情绪体验，运动锻炼也需要适宜的情绪，这是运动锻炼本身的特点所决定的，也是体育运动的魅力所在。有这样一句话讲得很经典："没有运动的情绪和没有情绪的运动，对有机体都是有害的。"意思是说，如果一个人带有强烈的负面情绪，而总处在没有身体活动的静止状态时，有可能导致身体某些内环境的紊乱。反之，如果没有任何情绪去参加运动，也会因有机体未能充分调动而出现活动效率低甚至受伤等不良后果。

（2）运动锻炼可以改善情绪状态。锻炼心理学的多数研究表明，一次锻炼30分钟左右和定期进行锻炼活动都可以产生良好的情绪效果。30分钟的跑步可以使紧张、困惑、焦虑、抑郁和愤怒等不良情绪状态显著减弱，同时使人精力充沛，改善心情。但是这种短期身体活动并不能长期有效地改变消极情绪，所以需要长期身体锻炼才能保持良好的效果。

运动锻炼不仅能改善不良情绪，还为锻炼者提供了一个体验多种特殊情绪的机会，这种体验可以提高人们的生活质量。例如"流畅体验"，在这种状态下，人忘我地全身心投入所从事的运动中，从活动过程本身体验到乐趣和享受。"跑步者高潮"也称"身体锻炼快感"（因为在跑步以外锻炼活动中也有出现），这种状态是在跑步中瞬间体验到的一种欣慰感，并且通常是不可预料地突然出现。高潮出现时，跑步者的情感体验是欣悦、非同寻常的体能感、动作的优美感、精神焕发以及时空的停滞感等。

3. 体育锻炼磨炼人的意志

体育锻炼为我们磨炼意志提供了机会。一般来说，完成某项体育活动都会遇到一定客观上的困难（如动作的难度、外部的障碍、外界的作用等）和主观上的困难（如完成动作时的胆怯、困惑、畏惧的心理，身体的疲乏、酸痛等），这些困难就是磨炼意志的机会。当遇到困难时，不畏惧，不退却，努力坚持，克服困难，就是意志培养的过程。体育锻炼为参与者提供了大量的这种机会，所以参加运动锻炼能够激发斗志、培养意志力、增强心理承受力。

要想获得成功，必须能够忍受长期的、严酷的训练，克制或压抑追求享受的欲望。体育运动可以提供一种类似的机会。同学们要想在人生中追求成功，也应注意磨砺自己的意志，紧紧抓住体育锻炼带来的每一次机会。

（1）体育锻炼提高人际交往能力和社会适应能力

人际交往与自我认识能力，都是影响社会适应能力的重要因素。对同学们来说，无论是现在还是将来，都是非常重要的。几乎所有的集体体育活动都能为人们提供一种社交的环境，提供一种与他人分享某些重要体验的机会。例如接触一些新的人和事物，与他们保持某种特殊的关系等。不管是有组织的还是偶发的体育活动都有这种作用——增强社会交往能力、改善人际关系。尤其是集体性项目可以广交朋友、交流信息、克服孤独感、增强合作意识，通过关心他人、帮助同伴而获得价值感，促使人际关系更加和谐。

（2）体育锻炼有助于认识自我、完善个性

现在的青少年学生，在自我认识上存在不同程度的缺陷，这与学生所处的环境有很大的关系。独生子女少了很多角色的扮演，没有弟妹，就失去了兄长的角色体验，减少了作为兄长应有的谦让、关心等经历；没有兄姐，就失去了弟妹的角色体验，减少了作为弟妹应有的畏惧、尊重、感受呵护等经历。加之教育引导的不足，学生在换位思考、在自己存在的缺点和不足方面，往往缺乏较为准确的认识。体育锻炼的运动情景，特别是一些集体性的项目，为锻炼者提供了不同角色的体验机会，并在锻炼过程中不断得到同伴对自己表现的反馈，修正自己不准确的自我认识。例如，篮球有前锋、中锋、后卫等角色，每个角色的任务和责任都不一样，如果不按角色行事，就会被同伴批评指责；另外，如果自己不注意配合，拿到球就只想自己表现（可能是自己没意识到的），也会被同伴指责。因此，长期坚持锻炼，锻炼者就会逐渐养成按角色行事的习惯，并在锻炼伙伴的不断反馈中，认清自己的表现，较为准确地认识自我。

（3）体育锻炼是完善个性的理想途径

个性是在社会生活实践中，逐步形成的稳定的观念、态度和行为习惯。体育锻炼在促进个性的形成和发展中起着积极的作用。参加体育活动有助于增强自信心，克服自卑心理。当努力克服困难完成一项活动后，会体验到一种成功感，随着运动成绩的不断提高，自信心也会随之增强。参加体育运动还可以培养豁达的胸怀和处理问题的能力，有利于对社会环境的适应。

对于青少年来说，参加体育活动并使其成为生活的一部分，对提高体力和技能的作用是十分明显的，由此带来的成功感和满足感，以及来自伙伴的赞誉和肯定，更能促进他们良好个性的形成和发展。

4. 体育锻炼提升审美观

显而易见，有些体育运动项目具有愉悦视觉、满足审美情趣的功能，如艺术体操、花样游泳、花样滑冰等。又比如当今流行的健美操、体育舞蹈、街舞等，无论对观赏者还是对锻炼者本身都给予了一种美的感受。所以，观赏和锻炼这些项目都会提升我们的审美观。

体育锻炼对增进心理健康的作用可能还远不止这些。希望同学们在体育锻炼中用心感受，不断总结，发现更多、更具价值的作用。

（二）体育锻炼改善心理状况的技巧

认识的目的在于运用。作为大学生不仅应该知道体育锻炼如何增进心理健康，更应该思考如何运用这些知识，解决我们自己或身边的问题，为我们愉快地学习、生活服务。以下几个方面，同学们在遇到类似的情况时是怎么做的呢？不妨看看下面的建议。

1. 走出悲伤找体育

悲伤只是不良情绪的一种表现，同学们在实际学习、生活中可能还会遇到更多的不良情绪，例如，郁闷、焦虑、愤怒等。这里主要强调的是出现诸如此类的不良情绪时，你是否想到利用体育锻炼的方式，来化解不良情绪（聪明人会主动选择摆脱痛苦的途径，而不是沉溺于痛苦的泥潭）。当然，化解不良情绪可能还有其他方式，但是利用体育锻炼来化解不良情绪，肯定是最佳方式之一。既锻炼身体，又摆脱苦烦，一举两得，何乐不为。记住了，体育锻炼是不良情绪的"过滤器"。

2. 有的放矢选项目

虽然我们形象地把体育锻炼比作是不良情绪的"过滤器"，但并不是所有运动项目都具有同等的效果，所以应该针对不同情绪性质选择项目。例如，在愤怒情绪下，更适合选择慢跑，在有节律的呼吸配合下，有助于缓解这种不良情绪；在苦闷或痛苦的情绪下，更适合选择情景较复杂、易于沟通的球类项目。在复杂情景中，容易转移对苦闷或痛苦的注意力，在频繁的沟通中。有助于化解这种情绪。

3. 出现机会不放过

在体育锻炼中出现困难时要坚持，不要轻易退却、放弃，要主动把它作为一次锻炼自己意志品质的好机会。很多同学没有意识到这一点，遇到一点困难就退出锻炼。观念决定行动，如果把观念转过来了，在锻炼中（或其他情境中）遇到困难时，就会用另一种心态去对待它，就不再会觉得那么可怕。

4. 融入情景辨角色

很多锻炼者参加了多年的运动锻炼，但并没在运动锻炼中吸取到发展个性、改善自我认识、提高人际交往能力的营养。其主要原因就是缺乏融入运动情景，树立角色意识，并按角色分工进行活动的主动性。其实，运动场景就是一个个不同特征的小社会，在这些场景中，不仅发挥运动技术，还有各种角色的扮演，以及与锻炼伙伴关系的处理等。如果主动意识到并在锻炼中认真对待，锻炼后又积极反思，就一定会进步，情商就会显著发展。

第八章 体育文化现代化

第一节 体育文化的现代化转型

现代体育的兴起是文明社会的重要标志。实现体育现代化，是一个历史过程，是中国现代体育的基本走向。中国传统体育与现代体育的揉合、并驾齐驱，是中国体育现代化的基本特点。

一、中国传统体育与近代体育的糅合

（一）中国传统体育的特点

中国作为拥有上下五千年历史的文明古国，其文化也是源远流长、博大精深。文化范畴广阔，体育文化也是其不可或缺的一部分。体育文化反映了体育的整体面貌，通过各种体育活动得到具体展现。体育文化在当今不仅能体现出个人素养，也能展现出小到一个多人集体，大到一个国家的整体风貌，因而体育文化在当下有着愈发重要的地位。"体育"这一术语并非我国故有的，它是从国外传进来的。在我国使用"体育"这一术语之前，使用的是"体操"这一词。这一词义同现代体育运动项目的"体操"不同，它泛指整个体育。在我国古代还未出现一个可以概括所有体育活动的概念或术语，没有一个与今天"体育"完全相当的概念。类似"体育"词义的，如"养生""导引""尚武""习武"等等。儒家文化是中国传统文化的核心，因而中国的传统体育文化也受到了儒家文化的许多影响。在儒家文化的影响下，中国传统文化主要可以有以下得特点。

1. 遵循礼

"礼"是中国传统文化价值体系的中心范畴和文明进化的主旋律。孔子是中国礼文化的集大成者，他提出"不学礼，无以立"，把一切都纳入礼的轨道，所以体育文化活动也不例外。中国古代体育作为传统文化的一个组成部分。

如盛行于唐代的"十五柱球戏",柱子上就分别标有"仁、义、礼、智、信、温、良、恭、俭、让"等红字和"傲、慢、佞、贪、滥"等黑字,木球击中红者为胜,击中黑者为败这个小游戏过程充分表达了娱乐活动中的道德规范和价值观念。

2. 内外兼修

作为中国传统文化主体之一的儒家文化,以"修身、齐家、治国、平天下"为修行方法,从而达到"内圣外王"的理想境界。中国古代体育由于受这种思想的影响,偏重于在修身养性、陶冶性情上下功夫,不像西方古代体育追求人体美,追求力量、速度。在中国古代的典籍中描述最多的古代体育莫过于武术和养生运动,这两种运动都有着深层次的哲学思想、成熟的习练方法、完美的艺术形象。注重武德,内外兼修,神形兼备历来是习武者的第一要义。在整个武术运动的习练中无处不突显出自强进取、自我修养、人格完善的传统文化精神。愉悦身心、宣泄情感、调情养志同样是中国古代体育所具有的文化功能,民间体育和女子体育尤甚。

3. 具有艺术性

比如1973年在青海省大通县上出土了距今4500年左右的彩陶盆,陶盆内壁上绘有5人一组共三组的舞人在翩翩起舞。西周时的"礼射",不只是单纯的射箭表演和比赛,而且还按等级配有不同的音乐,这可以说既是古代的体育,又是古代的艺术。还有中国武术的发展,最初的武艺主要是在军事战争中形成和发展起来的。后来,当它逐渐脱离了军事而独立存在、自成体系时,它的艺术性也就愈来愈高。除此之外,中国古代体育中其他项目如剑舞、龙舟竞渡、秋千、蹴鞠、滑冰等,也都追求形式美和艺术性的表现。

4. 中国古代体育缺乏竞技性

主要表现在竞技性体育项目较少和有些本来属于竞技性较强的体育项目,后来也变成了非竞技性的体育项目。没有全国性、综合性、长期存在、形成制度的体育比赛如田猎、武舞、秋千、武术、踢毽子等,没有或很少有竞技比赛,主要是表演给别人看,或人们的自我习练。

中国传统体育文化便存在以上四种特点。不难看出,传统体育文化在古代没能独自发展起来,更多的是在儒家文化的支配之下的发展,不能够真正的普遍化,大众化。更多的局限于皇宫深院之中,是上流人士的活动。这种保守式的传统体育文化发展有利有弊。一方面可以丰富人们日常娱乐生活,陶冶人们性情。同时在传统儒学的影响下,一定程度上有利于维护封建专制统治,符合统治者的需要。但另一方面,传统保守的体育文化,不利于体育的整体发展,最明显的体现便是在近现代。中国体育事业的长期落后,中国人民的体质偏弱。因而在今后继承传统体育文化与发展现代体育文化的过程中，需要保持传统体育文化的优良传统，能够让人谨记道德，并且一定程度上的修身养性。另一方面，要注入更多积极向上的力量，让体育更加普及，实现全民化，作为提高全面体质的重要途径。

（二）中国近代体育的发展

中国现代体育与中国近代化、现代化的进程是一致的。自 1840 年鸦片战争后，西洋体育开始传入，并与中国传统体育相结合，因而开始了中国体育近代化进程。这一进程大体上分为 3 个阶段：

1. 19 世纪 60 年代后至 19 世纪末

首先是洋务官僚聘请外国人教练兵勇，习练"洋操"，以及北洋水师学堂开设的西洋"体育课"，这些与中国的传统武术等训练项目结合，使中国军队开始走上了近代化之路。其次是近代学校体育也出现了新的内容。尤其是美国、英国等开办的教会学校，以课外活动的方式，开展了诸如田径、球类等"新式体育"活动。

2. 20 世纪初至新文化运动时期

首先是近代体育在学校的实施迈入制度化轨道，如体育排入课表，纳入考试范围等；二是传统体育开始与竞技体育结合。如 1910 年 10 月举行的第一届"全国运动会"，便有武术、田径、足球、篮球等比赛或表演项目，将中国传统体育与"进口"的近代体育结合，用于竞技体育。

3. 新民主主义革命时期

首先是中国先进青年的体育观念，如毛泽东德、智、体三育并重的思想等，在同时代具有先导作用；其次是现代体育体制的建立，如国民政府成立"全国体育指导委员会"，建立"国术馆"等；再次是学校体育开始着重培养新型的高层次体育人才，如成立体育专门学校，在大学开办体育系等。"国运兴，体育兴"。中华人民共和国成立后，中国走上了现代体育发展之路。特别是改革开放以后，现代体育又催化了体育的大变革，使中国变体育弱国为体育大国、强国，加速了体育现代化进程。

二、实现中国传统体育现代化的途径

中国科学院可持续发展战略研究组对现代化的定义是："一个时段（期）的现代化是指某个特定的空间系统，在人类发展进程中的特定时间间隔，规定一组具体的可操作目标（即预设具体目标）的实现步骤。"由此，可以对民族传统体育的现代化内涵阐释为：在当代社会的发展路程上，不断趋向于一组复杂的、同时具有时代内涵的和时空边界约束的、与其他社会组成部分相协调且相对目标集合的动态过程。我们研究民族传统体育的现代化，目的是建立一套科学的、全面的、系统的现代化理论体系，使民族传统体育在现实中面临种种碰撞和冲击能够保全和创新发展，从而能在世界主体文化中展现出中华民族的特色，丰富世界文化内容。实现民族传统体育现代化的途径则是：

其一，整合民族传统体育文化。中华民族传统体育与西方竞技体育有着根本性区别，蕴含着形神合一、天人合一、修身养性的深厚含义，具有"内向性"和"调和"的特征并且追求"和合"的精神。其所具有的这些思想特性，将更加适应现代体育在未来发展动向和潮流，也是中华民族传统体育的优势所在。因此，发展民族传统体育文化要立足长远，着眼于未来发展，对现代体育文化实施去粗取精，博采众长，开拓创新，整合成一种面向未来的、超越现代体育文化的现代化文化。我国民族传统体育项目近千种，形式多样、内容丰富，试图把我国民族传统体育所有项目均留存传承下去是很不现实的，也是不符合发展规律的，因此我们只能从众多的项目中筛选，来打造一批中华民族传统体育精品项目。在推广中，可能只有部分项目能够得到充分的发挥，绝大部分项目只能面临被淘汰的厄运。

其二，打破禁锢，创造现代化环境。我们要想认知历史、研读历史就必须回到事物的"原生态"，追求"本真""原汁原味""乡土""返璞归真"等等，这些无形的要求也就成了我们挖掘和整理民族传统体育初期的主要思想。我们的初衷是好的，然而在对民族传统体育现代化研究的过程中却被这种"原生态"思想禁锢了，它无形中羁绊着民族传统体育的改革发展和创新实践。因而我们在研究现代化时需要转变陈旧的思想并进行思想理论创新，营造"百家争鸣"和"百花齐放"的氛围，创建良好的科研和创新环境。"土洋体育"之争出现于我国20世纪30年代，如果那时我们采取"土洋结合""土洋并举"的方针，那么到现在也就可能不需要再重提民族传统体育的现代化问题了。但是历史毕竟已经是过去，我们也无法去改变，深究谁是谁非已没有现实意义。目前我们开展的一些国际、国内、省市等民运会并不少，但观众却寥寥无几，导致这种现象的出现，主要因为有些项目缺乏娱乐性、锻炼价值、趣味性和观赏性，或者说缺乏竞技性和挑战性，因此我们更为民族传统体育的发展担忧，同时也进一步说明随着生活方式的改变，人们对体育的需求也发生变化。所以，立足现实、解放思想、打破禁锢、着力创新才是民族传统体育现实现代化的正确出路。

其三。借鉴融合，积极转型。西方体育能够长期扎根学校，一方面得益于政府主管部门及学校领导的重视、党的教育方针和"为国争光"的奥运精神，另一方面就是这些运动的形式简单方便，训练者甚至什么都不需要带就能直接进入状态，并能自觉参加锻炼和自觉地组织比赛活动。我们可以从中学习并借鉴经验。在创新的过程中，我们可以运用嫁接、借鉴、融合哪怕是变异的方式。我们要敢于进行创新研究和善于发现变异，还要努力去培养变异。以土家族棉花球项目为例，它巧妙地把篮球的扣篮技术移植到棉花球运动中，从而使棉花球运动不仅增加了本身的锻炼价值、挑战性、趣味性和观赏性，还更加符合广大青少年的生理心理特征，并对青少年速度、力量、耐力、灵敏等素质的发展具有良好的促进作用。《中共中央关于加强青少年体育增强青少年体质的意见》中有一条不得不引起国人的注意：当前青少年力量、速度、耐力等体能指标持续下降。还有一项调查显示：许多学校的校纪录几十年内没有被打破。我们面对如此严峻形势，应该遵循《意见》的精神，努力提高人才培养质量和国民整体健康素质，尤其是青少年的生活与成长健康，努力创新民族传统体育项目，使其更加适应当代国人的需求。

其四，运用现代科技手段实现民族传统体育的现代化。创新是一个民族进步的灵魂和标志，是一个国家兴旺发达的不竭动力。离开创新谈民族现代化是不可想象的。现代体育中，体育已经离不开现代科技，世界各国都致力于研究和开发新姿式、新器材、新技术，纵观体育发展史，许多新的世界纪录或新的世界冠军往往取决于一种新技术、新姿式、新器材等，这种现象在高手如云的国际赛事中比比皆是。例如：新的泳衣、撑杆、标枪等高科技材料的尝试和使用；跳水、体操中翻转动作的周数和连接次数不断增加；跳高、铅球动作的进化；游泳服装的现代化改进等等。所以，在民族传统体育的现代化征程中，现代科技所带来的科技创新是必不可少的。

当前，相关研究者正在创新研究一些民族传统体育项目，探索改造革新技术，研究新型高性能器材，相信这些有益尝试必将促进我国民族传统体育的现代化。

第二节 全球化对体育文化的影响

全球化实际上并不是一种怪异奇特的社会文化现象。早在传统的古代社会，国家之间甚至是洲际之间就进行着一定的交往发展。我们可以将此看作是国际化发展的早期阶段。进入二十一世纪以来，全球化发展到了充分全面的阶段。尤其是经济领域，全球化发展加速推进。伴随而来的文化全球化发展也势不可挡，这其中当然也包括了体育文化的全球化问题。历史地辩证地看，全球化在文化领域的影响有消极和积极两个方面。具体就中国体育文化发展来说，全球化对其前途充满了机遇和挑战。

一、全球化背景下的中国体育文化

全球化是非蓄意和非预期的全球性效应，而不是全球性倡议和行动。我们一方面把流动自由权赞颂为全球化的最大成就和它不断繁荣昌盛的保证，而另一方面我们又经常剥夺其他人的这一权力。在全球化视域下对中国体育发展的哲学思考，"不再仅是追求唯一的真理，或者是追求普遍的共识，还可以从不同的背景进行各种探讨，去扭转人人习以为常的思维"。"人的发现"和"人文精神的反思"是人类永恒的两大课题。反思全球化下中国体育的发展，不是一味批判全球化，也不是全盘接收全球化。在全球化的带动下，及随后西方体育文化的强势冲击下，反思中国民族传统体育首当其冲地遭到破坏的现象，以及未来中国体育发展的方向。

近年来，中国在经济发展上逐渐找回了民族自信心，接下来就是要在心理上、文化上逐渐建立起中华民族的自信。在全球化环境里，中国体育文化不能被湮灭在以西方为主流的文化之中。那么，中国体育人文之中心价值在哪里，中国体育的长远之路又在何方，这些问题都值得思考。

（一）问题的提出

"全球化"一词虽然多用于经济领域，但就体育领域而言，恐怕比经济全球化的程度还要高，而体育的全球化又以欧美为主要代表的西化体育为主。目前，中国体育的西化程度非常高。中国体育人文精神接受了以欧美为代表的全球化标准，并应用在体育实践中。在这种情况下，我们应如何从全球化标准中抽身出来，再回到传统中去寻找属于我们民族的体育文化精华？至于如何梳理民族传统体育，可基于文化生态、后现代等基本理论，思考全球化对中国体育的内涵，及其在全球化体系中的影响，并在全球化体系中探索中国体育发展之路。此时，要回头重视原生态的本土体育，并继承与发展映射民族精神、体现人民智慧的体育项目，而不只是关注纯粹的舶来品——现代体育，目的是使未来中国体育人文朝着保有民族印迹的方向长远发展。中国体育包含现代体育与民族传统体育。在全球化中，中国现代体育的发展不可避免地跟随全球化大潮。在这种环境下，民族体育也出现泛化倾向。因此要找回民族，就要先找回族群，而中国就有56个族群，原有的民族传统体育人文非常丰富。我们应该认同中国的民族传统体育人文，并让更多人参与到民族传统体育的继承与发展中来。

（二）全球化背景

"全球化"这个概念，是 20 个世纪 60 年代由"罗马俱乐部"提出的。从狭义上讲，是指"从孤立的地域或国家走向国际社会的进程"；从广义上讲，是指"在全球经济、文化交流日益发展的情况下，世界各国间的影响、互动、合作愈益加强，使得具有共性的文化样式逐渐普及，并推广成为全球通行标准的状态和趋势"。"全球化"主要有两种理论，即"中心论"和"反中心论"。"中心论"认为，全球化源于一个中心，其进程是这个中心模式在全球扩展，其结果是这个中心模式在全球普遍化。不同的"中心论"者对这个"中心"的定位也不同，归纳起来主要有"欧洲""西方"和"美国"这几个中心。"反中心论"主张，全球化将是一幅多元化的图景，这得到了长期受西方力量压迫的非西方国家的认同及支持。1990 年，世界环境与发展大会在里约热内卢召开，做出了《世界二十一世纪议程》的决议，这标志着各国开始共同解决"全球问题"。1995 年 10 月，150 多个国家元首和政府首脑出席了"联合国宪章"生效五十周年大会，共同研讨如何解决世界上最紧迫的问题。这些都表明了人们共同面对"全球问题"，并促进人类步入"全球化"时代。而对全球化问题的讨论与实践主要包括以下两方面：一是将研究对象处于全球化的背景之中；二是如何对研究对象在全球化中产生的问题进行治理。

二、民族传统体育全球化的内涵以及途径

（一）民族传统体育的全球化理论分析

1. 全球化的内涵

20 世纪 80 年代中期以来，全球化取代国际化、一体化和跨国化，成为比较通用的学术关键词全球化是主权国家和国际组织，根据自身的利益和需要，通过签订协议和制定规则，促进生产社会化和分工发展的客观趋势超越民族国家疆界和壁垒限制，而不断向全球范围扩张和延伸过程，及其所形成的世界经济、政治、文化等诸因素相互渗透和紧密依存的状态。当今全球化已经是一个不可逆转的潮流，它给人们的生活带来翻天覆地的变化，并影响着当今世界的各个层面，更是不断给全球的文化带来层出不穷的问题，特别是对国家与民族自身的文化。

2. 竞技体育成功发展的借鉴与启示

竞技体育在现代社会保持持续、快速发展，究其原因不仅仅是因为各民族体育发展速度较慢，更是竞技体育在实践和理论上不断的探索创新。理论

层面上，过去实行单一化训练理论和方法，现在则逐步发展成包括速度、力量、耐力和柔韧等内容的一系列科学化手段、方法、原则，引导竞技体育水平的发展。与此同时，高新科学技术的不断应用，促进了实验设备、运动服装、场地器材、实验方法等的改良创新。全球化是人类各种文化、文明发展要达到的目标，也是未来文明存在的文化，它表明世界是多元或多样性共存。路跆拳道、柔道相继列入奥运项目，印度瑜伽运动的火爆告诉我们，在西方竞技体育为主导的体育运动中，民族传统体育不应停止不前，因为它仍然拥有自身生存和发展空间，一样也可以风靡世界。面向新的未来，没有理由自甘落后、自制图圄。

（二）实现民族传统体育全球化的途径

1. 基本理论与方法体系的"标准化"

目前，民族传统体育学科发展模式和学科体系的建设还尚未成熟，薄弱的理论给实际工作带来诸多不便，面对这种严峻形势，我们必须清楚认识到学科建设对学科发展的重要性，并把学科建设问题摆在重要的、优先发展的地位来进行研究。正如恩格斯所说："一个民族要想站在科学的最高峰，就一刻也不能没有理论思维。"武术的发展已经率先提出了"标准化"问题。要推动武术运动的国际化发展，并保持健康、持续的发展态势，必须站在历史的高度，用不断发展的眼光去审视武术；站在民族的高度，去弘扬武术；站在文化的高度去挖掘武术。为了这一远大目标，国家体育总局武术运动管理中心在 2010 年底正式提出，将 2011 年定为——"武术工作标准化年"。武术标准化作为 2011 年武术工作的一个主题，是推进中国武术繁荣发展的重要举措。国家体育总局副局长肖天在召开中国武术协会的会议上指出：武术的标准化与段位制的实施，是大势所趋，是武术适应时代发展的需要。

2. 以留学生教育为切入点，大力发展教育国际化

增强留学生教育是中国进入国际教育发展的一个很好的切入点，也是走向教育国际化的必由之路。很多国外留学生就是从学习中国民族传统体育才开始了解中国、认识中国进而热爱中国。更主要的是，来华留学人员学成回国之后，也把学习的中国民族传统体育传到了自己的国家，留学生就像是活招牌一样把中国民族传统体育宣传到世界各地。因此，大力发展海外留学生教育，对民族传统体育全球化的实施具有重要的和长远的现实意义。

第三节 高校体育文化现代化的发展策略

在我国大多数高校课堂教育中，都将体育教育划分为副科，没有给予充分的重视。因此要想切实提高体育现代化发展目标就要求教育部门重新修订教学大纲，把体育教育作为基础的学科来进行系统的课堂教学，并且要保证学校体育教学的质量。可以采取一些具体措施来配合学校体育教学的实施，例如规定文化课不及格可以进行补考，如果体育课达不到要求不可以补考，这样严格的规定势必会提高学生对体育课的重视程度。

一、高校体育教育现代化的必要性

由于受过去封建统治的影响，中国对人的研究还远远落后于西方发达国家，这也是我国迫切需要改进的任务。中国现代化建设是以市场经济发展为前提的，那么我国的体育教育现代化的发展就不可能脱离中国的基本国情。只有正确地看清本国存在的不足与合理汲取世界各国的优秀文化，实现中国特色体育现代化的理论，才能使得中国体育现代化与体育现代化教育有更好的发展，最终将中国的完美形象展现在世界的大舞台之上。我们已经认识到，盲目的追求西方文化对于建立现代化体育教育是错误的，适当借鉴西方文化，以本国文化为主导来构建现代化体育教育才是发展的根本。众所周知，文化是一个民族经过几千年沉淀下来的巨大财富，民族文化可以反映一个国家的特征。改革开放政策的实行，将中国推到了世界的历史舞台之上，中华儿女已经成功地把中国文化展现给世界。

二、高校体育教育现代化发展的策略

（一）体育教学思想现代化

教育思想现代化即教育思想主动适应社会变革，对教育建设具有超前意识，它包括人才观、质量观、教育价值观、教学观、师生观、并在教学实践中身体力行，使之成为全体教育工作者的自觉行动。就体育教育学而言，应从单一的生物体育教学观转变到多维的体育教学观；从传统的以体育知识技能灌输传授为中心转向以培养学生自主学习，自主锻炼，发展独立思考能力和创造能力为主的体育教学，从多元化、全面性、发展性的教学目标出发，从体育教学的生物，社会教育、心理方法论等多重原理出发注重不同年龄段学生在体育知识技能体育兴趣及体育价值观的培养；改变人为地用心率，密度等生物学科的知识和方法来评定，任何体育课的思想。而现在许多学校的室外体育优质课的评判，许多教师并不是关心该课是否使学生在愉快的身体运动中学到了哪些东西，而是忙于测量学生的心率测算该课的密度，使学生如临大敌，根本谈不上在愉快中运动学习，简直是在表演，整个体育课如果达不到预定的心率和密度，即使该课如何愉悦了学生的身心，增强了学生的体质，也只能与优质课无缘。以上思想有的已深深根植于体育教师的头脑中，甚至成为某些教师的自觉行动，所以这些对体育教学的改革极为不利。

教育思想现代化要求体育教学思想应在学生主体性观念上，由过去的学生跟"着练"转向学生"自主练"为主；由过去"育体练身"为主的方法，扩展向同时，"启智""调心育人"的综合多样化方法体系，由简单的达标定名次向促使学生在已有水平上都有所发展的方向迈进，使学生的一般发展共同发展与特殊发展，差别发展相结合，创造性地解决学生个体学习中的问题。

（二）体育教学内容现代化

用先进的科学技术来充实技工学校的教育内容，强调教材要反映出现代科学文化的先进水平。因此教育内容的精心优选科学搭配是教育现代化难度最大，影响最广泛的基础性工作。现在的体育教材内容多而杂，而且缺乏年龄，性别、专业的特点，教学内容陈旧，只重视知识本身不重视知识的更新和选择的针对性，教材内容脱离群众体育内容，如铅球运动项目从小学就开始学习直到大学还在学习，真正走向社会之后没有人手里握着铅球在社区或公园进行锻炼，诸如此类的教材内容屡见不鲜，现代体育教学内容应重视多种教学内容的综合，体现终身健身的需要；注重基础理论内容与运动技能内容的合理搭配。注重体育教学内容的科学性，时代性、全面性与民族性、而现在的体育课教学很少体现出民族性，许多传统的有价值的运动内容被安排在教材的选修部分或占必修教材的一小部分。而且必修教材多由竞技体育动项目内容所取代。

因此，在内容的选择上注意继承与创新的结合。理论课教材应选择有利于强化学生健身意识增强体质的知识，养护身心理论和方法等方面的内容。同时，应该抱着发展的实事求是的观念来扬弃传统的教学方式，方法、充实学校体育教育的文化价值与观念体系，实践课教材应打破以竞技运动为中心的教材体系，选用具有较高锻炼价值和终身效益的民族传统体育项目等，个体练习教材、培养学生科学锻炼养护身体的能力。

（三）体育教师队伍现代化

体育教师队伍的现代化是体育教学现代化的核心因素。现代化的体育教师应具有一定的体育知识技能技术等专业素质，掌握现代教学方法，新型教学设备的操作技术和一定专业外语，具有正确的人才观教育观，师生观。

（四）体育设施现代化

1.电子计算机的运用

在对运动员进行训练的时候，电子计算机是教练最常用的工具，教练可以把运动员的生理状况通过编写程序输入到计算机中，根据队员的自身情况制定针对性较强的训练计划。在竞赛的时候，电子计算机能够综合运动员各项结果，预测出运动员在下节比赛中可能表现出的状态，这样就可以给教练足够的实践来制定准确的战术。在现场比赛设备布置方面，电子计算机常常和记分牌相连接，计算机的应用不仅能够提高记录的准确性还能自己排列出名次，最重要的是可以将比赛成绩转化成信号传送到荧幕上。

2.激光、电子设备的运用

在训练过程中随处可以见到激光、电子设备的运用，比如录像机、摄像机、立体摄影仪等，这些设备的应用可以从不同的视角来记录场上队员的表现，以便在赛后进行正确的技术分析，同时也能够给观众清晰地呈现出不同场地的不同镜头的切换。

3.电子遥测技术的运用

在体育科研中随处可见心率、心电等遥测设备，可以随时监控运动员在训练时的身体各项指标的改变，合理的安排运动量。在比赛过程中，教练员可以通过电子遥测技术对运动员进行场外指导及时纠正错误，从而能够取得预期的效果。

中华人民共和国成立以后，我国对外体育交流工作取得了令人瞩目的成绩，但是主要停留在对竞技运动的多变和双边竞赛活动的表面阶段，在对国家学术交流方面还没有形成规模化。我国体育事业虽然已经取得了很大发展，但是与国外相比还是存在着较大差距。因此在未来的体育现代化发展中，我们要通过各方面的不懈努力来打破这样的局面，积极吸取国外的先进训练方法并向国外推广我国的先进理论，通过不断加强国际体育交流与信息搜集，实现体育教育现代化走向全世界。

参考文献

[1] 程明吉,解煜.大学体育教育理论知识与运动实践研究 [M].长春:吉林大学出版社,2017.

[2] 徐连军,张秋宁.大学体育运动新视野 [M].北京:现代教育出版社,2014.

[3] 陆宇榕,王印,陈永浩.体育文化与健康教育探究 [M].北京:新华出版社,2018.

[4] 樊晓东,杨明,苏红鹏.学校体育文化建设 [M].武汉:武汉大学出版社,2016.

[5] 陆宇榕,王印,陈永浩.体育文化与健康教育探究 [M].北京:新华出版社,2018.

[6] 赵金林.校园体育文化建设与实践探究 [M].北京:中国书籍出版社,2018.

[7] 曾伟.体育科学与运动文化 [M].北京:中国书籍出版社,2018.

[8] 王建军,白如冰.高校体育文化教育研究 [M].长春:吉林美术出版社,2018.

[9] 陈秀菊.当前大学生体育素养缺失与重构 [J].黑河学院学报,2017(12):94-95.

[10] 李雁,张纪春.高校校园体育锻炼氛围培育途径研究 [J].体育文化导刊,2018(03):113-117.

[11] 曾峰.高校校园体育文化对大学生体育参与的促进研究 [J].北京印刷学院学报,2018(02):152-156.

[12] 石秀廷.体育文化教育与大学生终身体育素养的培养 [J].当代体育科技,2018(03):131-132.

[13] 毛瑰荔,周惊雷.大学生体育文化自觉现状及培养策略 [J].淮北师范大学学报(自然科学版),2018(02):68-72.

[14] 秦勇.体育文化教育与大学生终身体育素养的培养 [J].黑龙江高教研究,2013(03):73-76.

[15] 郑汉山.大学生体育价值观与阳光体育运动的和谐发展 [J].体育学刊,

2013(03):65-68.

[16] 王勇. 浅析体育文化产业对培育大学生体育锻炼意识的影响 [J]. 体育科技文献通报 ,2019(04):122-123.

[17] 徐添庆 , 吕立 , 潘红 , 李坚 , 李华云. 新时代高校大学生体育运动教育体系研究 [J]. 当代体育科技 ,2019(06):121.

[18] 徐子棉. 高校大学生体育文化素养培养策略设计 [J]. 汉字文化 ,2019(06):175-176.

[19] 贾丽娜. 大学生体育消费现状及影响因素分析 [J]. 吉林工商学院学报 ,2019(02):126-128.

[20] 张俊毅 , 闫文伟. 论高校体育教育大学生体育素养的培养途径 [J]. 商丘师范学院学报 ,2019(06):77-79.

[21] 杨海义. 论高校体育文化建设 [J]. 教育与职业 ,2007(09):174-175.

[22] 刘可. 论大学生体育消费的文化特征 [J]. 浙江体育科学 ,2007(02):83-86.

[23] 吴文峰 , 王鑫 , 肖谋文. 大学生体育素养培养体系研究 [J]. 中国青年政治学院学报 ,2014(01):68-72.

[24] 刘毅伟. 大学生体育价值观的建构 [J]. 教育评论 ,2014(07):78-80.

[25] 王晓明 , 陈尧. 校园体育文化建设与大学生运动参与的关联性分析 [J]. 体育研究与教育 ,2014(04):54-57.

[26] 郑建祥. 大学生体育文化素养构建分析 [J]. 中国包装 ,2014(08):64-66.

[27] 邢宝萍. 大学生体育文化素养培养研究 [J]. 中国包装 ,2014(09):66-68.

[28] 张云华 , 赵健. 大学生体育锻炼现状分析及对策 [J]. 潍坊学院学报 ,2009(02):123-127.

[29] 庄希琛. 大学生体育文化素质内涵探析 [J]. 山东体育学院学报 ,2006(02):37-38.

[30] 刘秋玲. 论大学生体育欣赏能力的构成与特点 [J]. 新乡师范高等专科学校学报 ,2006(02):116-118.